Ursula Arndt

Die OBST Werkstatt

English Arbeitsblätter inside

Verlag an der Ruhr

 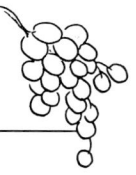

Impressum

Titel: Die Obst-Werkstatt

Autorin: Ursula Arndt

Illustrationen: Ursula Arndt

Druck: Druckerei Uwe Nolte,
Iserlohn

Verlag an der Ruhr: 10 22 51

D–45422 Mülheim an der Ruhr
Alexanderstraße 54
D–45472 Mülheim an der Ruhr
Tel.: 0208–439 95 40
Fax: 0208–439 5 439
E-Mail: info@verlagruhr.de
www.verlagruhr.de

© Verlag an der Ruhr 2001
ISBN 3-86072-636-6

Ein weiterer
Beitrag zum
Umweltschutz:

Das Papier, auf das
dieser Titel gedruckt ist, hat
ca. **50% Altpapieranteil,**
der Rest sind **chlorfrei**
gebleichte Primärfasern.

Die Schreibweise der Texte folgt
der reformierten Rechtschreibung.

Gedruckt auf chlorfrei gebleichtes Papier.

Inhaltsverzeichnis

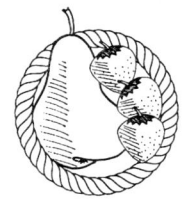

Birne, Erdbeere und Co

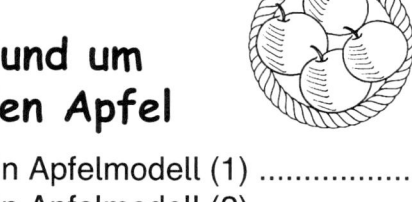

Obst ist gesund

Rund um den Apfel

Obst – Spiel und Spaß

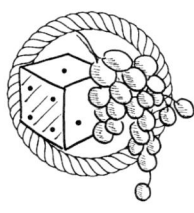

Vorwort

Thema Obst

Schon bei den ersten Menschen stand Obst auf dem Speiseplan. Seitdem hat sich viel verändert. Die einzelnen Früchte wurden durch Kultivierung größer und wohlschmeckender, die Arten vielfältiger. Durch Kontakte mit anderen Völkern wurden fremde Obstsorten bei uns bekannt und heimisch. Außerdem ermöglichen uns die heutigen Transportmittel und die vielfältigen Anbaumethoden in- wie ausländisches Obst das ganze Jahr über frisch zu bekommen.

Als Obst bezeichnet man all die Beeren und Früchte, die eine Pflanze durch ihre eigene Fortpflanzung hervorbringt, z.B. auch Erbsen, Bohnen, Eicheln, Kastanien etc. Im engeren Sinn befasst sich diese Werkstatt mit den Beeren und Früchten, die bei uns allgemein als Obst bezeichnet werden und allein ohne Zutaten, roh und eher als Süßspeise gegessen werden können, im Unterschied zu Gemüse.

Warum Obst im Unterricht?

Obst ist neben Gemüse ein wesentliches Lebensmittel, das für eine ausgewogene Ernährung wichtig ist. Außer einem sehr hohen Wassergehalt sind es vor allem die Vitamine, Mineralstoffe und Spurenelemente, die das Obst für unsere Gesundheit so wertvoll machen. Diese Verbindung von „Obst" und „gesund" ist auch schon den Schulanfängern klar. Meist genügt dieses Wissen jedoch nicht, die Kinder zum Essen von Obst zu bewegen. Hinzukommen muss daher der Anreiz „Obst schmeckt gut" und die Erkenntnis „Wenn ich etwas Süßes essen will, kann ich auch zu Obst greifen". Obst hat außerdem seine Verpackung immer dabei, es gibt keinen unnatürlichen Abfall. Und Obst kann zu jeder Tageszeit gegessen werden.

Diese Aspekte sollen in der Werkstatt ausgiebig getestet werden. Hier lernen die Kinder in spielerischem Umgang verschiedene Arten von Obst und ihren Aufbau kennen, erfahren, warum Obst gesund ist, probieren gesunde Obst-Rezepte aus und setzen sich auch mit Hilfe sprachlicher, mathematischer und künstlerischer Angebote mit dem Thema Obst auseinander.

Zum Werkstattunterricht

Die vorliegenden Unterrichtsmaterialien sind fächerübergreifend angelegt und für ein **erstes** bis **zweites Schuljahr** konzipiert. Die Kinder sollen mit Hilfe der Angebote das Thema Obst möglichst handlungsorientiert und mit allen Sinnen erforschen und begreifen.

Die Werkstatt ist zur besseren Übersicht in folgende **Bereiche** aufgeteilt, die mit entsprechenden Symbolen versehen sind:

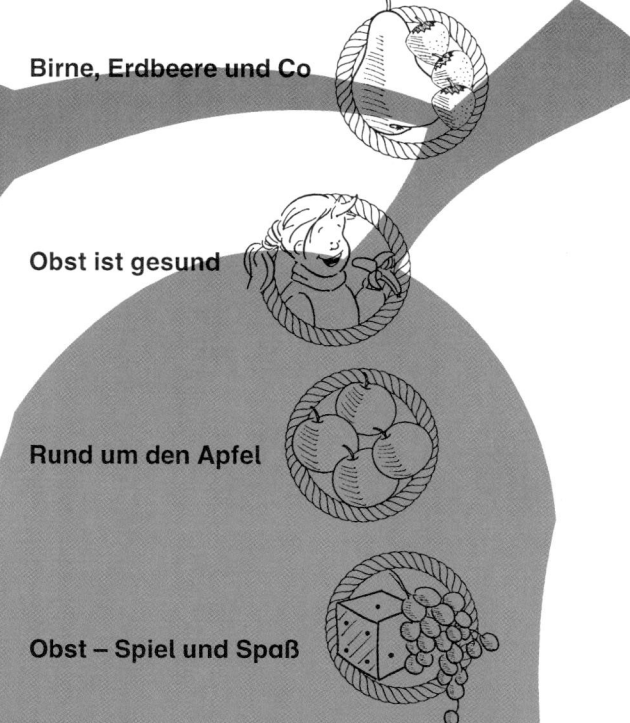

Birne, Erdbeere und Co

Obst ist gesund

Rund um den Apfel

Obst – Spiel und Spaß

Da diese Werkstatt sozusagen aus einem „**Überangebot**" an Arbeitsblättern besteht, können Sie eine Auswahl von Angeboten treffen, die dem individuellen Leistungsstand Ihrer Klasse angemessen sind. Wenn Sie diese Werkstatt bereits im ersten Schuljahr einsetzen wollen, sollten Sie gezielt nur eine begrenzte Anzahl von Stationen auswählen, die die Kinder möglichst selbstständig bewältigen können. Textreichere Angebote, wie Rezepte oder Bastelanleitungen können Sie dann z.B. losgelöst von der Werkstatt im Klassenverband gemeinsam mit den Kindern erarbeiten.

Damit auch die Kinder eine gute Übersicht über die Angebote der Werkstatt haben, hat sich die Erstellung eines **Arbeitsplans** als sinnvoll erwiesen. Schreiben Sie dafür diejenigen Stationen auf ein großes Plakat, die Sie in der Werkstatt einsetzen wollen. Hängen Sie den fertigen Arbeitsplan für die Kinder gut sichtbar in der Klasse aus. Vielleicht ergibt sich hieraus bereits das erste Gespräch über das Vorhaben „Obst-Werkstatt". Den **Arbeits-Pass** (S. 9) sollte jedes Kind zur Verfügung haben, um darin seine bearbeiteten Stationen abzeichnen zu können. Da die Werkstatt bereits ab dem ersten Schuljahr gedacht ist, ist dieser Arbeits-Pass bewusst einfach gehalten. Die Kinder können darin z.B. für je eine bearbeitete Station einen Apfel an ihrem Baum anmalen oder ein selbstgebasteltes Äpfelchen aus Papier aufkleben. Eine andere Möglichkeit besteht darin, dass Sie die ausgewählten Arbeitsblätter durchnummerieren und die Nummern der Stationen auf dem Arbeits-Pass in die Äpfel eintragen. Dann können die

© Verlag an der Ruhr ○ Postfach 10 22 51 ○ 45422 Mülheim an der Ruhr ○ www.verlagruhr.de

 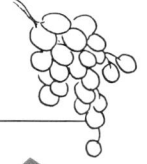

Kinder die bearbeiteten Angebote auf ihrem Arbeits-Pass abhaken. Im Vordergrund der Werkstatt sollte jedoch nicht die korrekte Erfüllung des Planes und damit das Ausfüllen des Arbeits-Passes stehen, sondern der Spaß im Umgang mit den Materialien sowie der Spaß am Essen von Obst. Vielleicht kann auf diesem Wege das eine oder andere Kind dazu animiert werden häufiger Obst zu essen. Nicht zuletzt sensibilisiert man über die Kinder vielleicht auch einige Eltern für das Thema „gesunde Ernährung" und im speziellen „Obst".

In einer **Werkstattmappe** können die bearbeiteten Arbeitsblätter gesammelt werden. Ein DIN-A4-Hefter aus Papier, den sich die Kinder individuell gestalten können, leistet dabei gute Dienste. Die von Ihnen ausgewählten und im Klassensatz kopierten Werkstattangebote können Sie den Kindern am besten in **Ablagekörben** (z.B. Deckel von Kopierpapierkartons) zur Verfügung stellen. Diese können Sie dann über den ganzen Klassenraum verteilt z.B. auf Fenstersimsen und Regalen bereitstellen. In diese Ablagekörbe können Sie dann auch alle zum jeweiligen Angebot gehörenden Arbeitsutensilien (wie z.B. Schablonen, Puzzle o.Ä.) bereitlegen.

Anders als bei Werkstätten üblich sind in dieser Werkstatt die **Arbeitsaufträge** mit auf den Arbeitsblättern abgedruckt. Eine – streng genommen – sicherlich nicht werkstattadäquate Form, aber die einzige, die es ermöglicht, Ihnen diese Stofffülle zu bieten. Ein Abdrucken von Auftragskarten hätte den vorgesehenen Rahmen der Werkstatt gesprengt.

Ein entscheidendes Kriterium für den Werkstattunterricht ist das **Expertenprinzip**, das die Kinder in ihren sozialen Kompetenzen fördert. Jedes Kind sollte daher Experte von mindestens einem Lernangebot sein. Dafür sucht sich jedes Kind zu Beginn der Werkstatt ein Angebot aus, für das es der Experte sein möchte. Die Aufgabe des Experten ist es, „sein Angebot" zu beherrschen, um den Mitschülern mit Rat und Tat zur Seite stehen zu können. Für die Einweisung der Experten in die einzelnen Angebote ist natürlich zunächst einmal der Lehrer mitverantwortlich. Dieser kann sich jedoch nach der Einweisung aus dem Unterrichtsgeschehen zurückziehen und in die Rolle des Moderators und Beraters schlüpfen. In der **Wahl der Sozialform** sind die Kinder in dieser Werkstatt frei. Für den erfolgreichen Verlauf der Werkstatt ist es sinnvoll, mit den Kindern gemeinsame Regeln zu entwickeln. Folgende **Regelvorschläge** mögen dabei hilfreich für sie sein:

• Wir arbeiten leise.
• Wir beenden angefangene Arbeiten.
• Wir räumen auf.
• Wir helfen uns gegenseitig.
• Wir füllen den Arbeits-Pass sorgfältig aus.

Nach eigener Erfahrung ist die **Zeitdauer** (je nach Alter der Kinder) von 2 Schulstunden pro Tag für den Werkstattunterricht optimal. Einige Minuten dieser Zeit sollten Sie für ein kurzes Kreisgespräch zum Gedanken- und Ergebnissaustausch sowie zur Einführung und Ergänzung einzelner Angebote mit einplanen.
Ihnen und Ihren Kindern wünsche ich viel Freude und gutes Gelingen mit der Obst-Werkstatt.

Anmerkungen zu den einzelnen Angeboten

Obst-Rätsel (S. 10)

Das Obst-Rätsel bietet eine schöne Einstiegsmöglichkeit in die Werkstatt. Im Zusammenhang mit dem Rätsel können z.B. alle möglichen Obstsorten mit in die Klasse gebracht werden. Diese können dann benannt, genau betrachtet und in ihren spezifischen Eigenschaften beschrieben werden. Nutzen Sie die Rätselsituation und lassen Sie die Kinder einmal selbst ihr Lieblingsobst mitbringen. Das Lieblingsobst kann dann mündlich im Stuhlkreis oder bei fortgeschrittenen Klassen sogar schriftlich von den Kindern in Rätselform beschrieben werden.

Obst mit allen Sinnen (S. 11–14)

Station 1–4
Stellen Sie den Kindern hier von vornherein die benötigten Materialien, die auf den Anleitungen stehen, zur Verfügung. Da die Kinder für die Stationen 1 und 4 frisch aufgeschnittenes Obst benötigen, bietet es sich an, dieses Angebot im Klassenverband im Rahmen eines Stationenbetriebes an einem Vormittag durchzuführen.

Im Anschluss daran kann dann das aufgeschnittene Obst zu einem Obstsalat o.Ä. (Rezept S. 31–33) verarbeitet werden. Sammeln Sie im Vorfeld leere Filmdöschen für die Duftproben. Für die Füllung der Döschen können Sie fertige Aromen (im Handel erhältlich) auf Wattebäusche tropfen oder auch Trockenwaren (Schalen, Früchte u.Ä.) nehmen. Die Fühlsäckchen sollten Sie durchnummerieren, so dass die Kinder später ihre Ergebnisse richtig kontrollieren können. Für die einzelnen Stationen können Sie die Wort/Bildkärtchen (S. 13, 14) nutzen. Die Kinder können dann z.B. die jeweils erschnupperte Obstsorte der richtigen Karte zuordnen. Haltbarer werden die Karten, wenn Sie sie folieren bzw. laminieren.

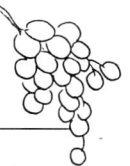

Vorwort

Obst-Frage-Karten (S. 15–19)

Drei Möglichkeiten der Verwendung:

a) Trennen Sie den Informationstext von den Fragen. Kopieren Sie den Text 3–4 mal auf stärkeres Papier (z.B. Karteikarten) und folieren bzw. laminieren Sie ihn. Kopieren Sie die Fragen im Klassensatz und stellen Sie sie mit den Textkarten zusammen zur Verfügung.

b) Kopieren Sie die ganzen Karten mehrere Male. Die Kinder falten dann das Arbeitsblatt im vorhinein selber. Nach dem genauen Lesen des Textes drehen sie dann das Blatt um und beantworten die Fragen möglichst selbstständig.

c) Sie können auch das Arbeitsblatt mehrere Male kopieren, in der Mitte falten und in Karteikartenformat laminieren. Die Kinder können dann die Aufgaben mit Folienschreibern lösen, anschließend kontrollieren und wieder abwischen. So können die Karteikarten mehrmals genutzt und z.B. auch in der Freiarbeit angeboten werden.

Obst-Sortier-Maschine (S. 20, 21)

Je nach Leistungsstand der Kinder können Sie ihnen alle Obstarten oder auch nur eine Auswahl anbieten. Um den Kindern das Zusammenpuzzeln zu erleichtern, befinden sich auf den Einzelteilen kleine Symbole, die bei der Zuordnung helfen sollen. Wichtig ist, dass die Kinder vor dem Zerschneiden der Puzzle vorher die Texte genau lesen und verstehen, was der Unterschied von Stein-, Kern-, Beerenobst und Südfrüchten ist.

Fruchtteile (S. 22)

Kopieren Sie das Arbeitsblatt je nach Bedarf ein- oder mehrere Male. Bei einmaliger Kopie sollten Sie das Arbeitsblatt folieren/laminieren und die unteren Wortkarten abschneiden. Die Kinder legen dann die einzelnen Wortkarten auf die richtige Stelle ohne sie festzukleben. Kontrollmöglichkeit sollte dann ein beschriftetes Arbeitsblatt bei Ihnen oder einer anderen Stelle sein. Sie können natürlich auch das Arbeitsblatt im Klassensatz zur Verfügung stellen. Die Kinder verfahren dann in derselben Weise wie oben, kleben die Wortkarten aber auf.

Pflanzversuche (S. 23–25)

Lassen Sie die Kinder im Vorfeld Kerne und Steine von verschiedenen Obstsorten in kleinen Behältnissen (am besten mit Namensschildern) sammeln. Außerdem werden Marmeladengläser, Schälchen, Döschen etc. benötigt. Kopieren Sie die Keim- und Pflanzanweisungen am besten auf stärkeres Papier und folieren bzw. laminieren Sie sie, damit sie bei den Pflanzaktionen nicht nass werden und verdrecken.

Kniffliges Obst (S. 26, 27)

Die beiden Arbeitsblätter sind jeweils für das 1. und 2. Schuljahr konzipiert:

- Arbeitsblatt (1) ist für das erste Schuljahr. Einige der Aufgaben sind Blankovorlagen, d.h. Sie können in die Lücken Zahlen eintragen, die dem Leistungsstand der Kinder entsprechen, und so die Aufgaben differenzieren.
- Arbeitsblatt (2) enthält Aufgaben für das 2. Schuljahr. Da es sich um kniffelige Aufgaben handelt, können Sie auch hier eine Auswahl an Aufgaben treffen, die dem Leistungsstand der Kinder angemessen sind, und diese ausschneiden.

Fruit-Puzzle (S. 28)

Hier lernen die Kinder ihre ersten englischen Grundbegriffe zum Thema Obst in spielerischer Form kennen. Das Puzzle sollte von Ihnen am besten mehrmals kopiert, evtl. angemalt (von den Kindern), foliert bzw. laminiert und dann zerschnitten werden.

English-Fun (S. 29)

Nach dem Fruit–Puzzle können hier die Kinder ihre neu erworbenen Englisch-Kenntnisse vertiefen und ergänzen. Zur Kontrollmöglichkeit sollten Sie ein schon bearbeitetes Arbeitsblatt zur Verfügung stellen.

Obst ist gesund (S. 30)

Für das Plakat sollten Sie den Kindern alte Tapetenrollen, Papierreste, bunte Werbeblätter, -prospekte und alte Zeitschriften zur Verfügung stellen.

Gesunde Obstrezepte (S. 31–33)

Diese Rezepte sollten Sie im Klassenverband losgelöst von der Werkstatt ausprobieren, da die Kinder hier mit Messern hantieren und besonderer Aufsicht bedürfen. Vielleicht finden Sie ja einige Eltern, die Ihnen bei diesen Aktionen helfen.

Obst-Planer (S. 34)

Der Obst-Planer soll dazu dienen, dass die Kinder auch nach Abschluss der Werkstatt dazu animiert werden regelmäßig Obst zu essen. Vielleicht können Sie ja in Absprache mit den Eltern die Kinder dazu anregen ihren individuellen Obst-Plan zu Hause aufzuhängen. Denken Sie jedoch auch daran, dass einige Kinder (Diabetiker oder Allergiker) vielleicht Obst allgemein bzw. bestimmte Sorten gar nicht essen dürfen. Auch dies sollten Sie im Vorfeld der Werkstatt klären. Dies gilt auch für die anderen Angebote, bei denen die Kinder Obst essen.

© Verlag an der Ruhr ○ Postfach 10 22 51 ○ 45422 Mülheim an der Ruhr ○ www.verlagruhr.de

Vorwort

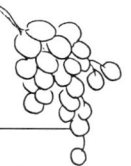

Gesundheits-Fächer (S. 36)

Kopieren Sie das Arbeitsblatt evt. mehrmals zum Basteln auf stärkeres Papier. Zum Zusammenheften des Fächers eignen sich Musterbeutelklammern gut.

Ein Apfelmodell (S. 37, 38)

Für das Apfelmodell sollten Sie zunächst einmal die Apfel-Schablonen (S. 38) mehrmals auf dickeres Papier kopieren, folieren bzw. laminieren und ausschneiden. Am besten stellen Sie den Kindern die Schablonen dann je Satz extra in einem Briefumschlag zur Verfügung. Es empfiehlt sich, dass Sie das Apfelmodell erst einmal selber basteln, um ein Anschauungsbeispiel für die Kinder zu haben.

Zur Erläuterung der Arbeitsschritte können Sie entweder den Kindern die Herstellungsanweisung (S. 37) zur Verfügung stellen oder die Arbeitsschritte Stück für Stück nachbasteln, in Klarsichthüllen stecken und in einer kleinen Mappe als Herstellungsanweisung zur Verfügung stellen.

Das Apfellied (S. 41, 42)

Zum Kennenlernen des Liedes sollten Sie dieses Angebot lieber aus der Werkstatt herausnehmen. Es bietet sich an dieses Lied am Anfang oder Ende jeder Werkstattstunde zur Einstimmung bzw. zum Ausklang zu singen. Das Lied kann mit entsprechenden Bewegungen einstudiert werden (s. S. 42) und kann so auch für eine Bewegungszeit nach langem ruhigen Sitzen dienen.

Wollen Sie die Kinder das Lied selbst entdecken lassen, können Sie die obere Hälfte vom Arbeitsblatt S. 42 austeilen, so dass die Kinder die Bewegungen selber ausprobieren können. Das Apfellied ist möglicherweise einigen Kindern bereits aus dem Kindergarten bekannt. Ansonsten können Sie es mit den Kindern langsam erlernen, indem Sie zunächst nur den Text mit oder ohne Bewegungen sprechen, die Bewegungen stumm vormachen, oder die Melodie zunächst mit einem Instrument vorspielen und die Kinder mitsummen lassen. Der Text wird geläufiger und leichter zu lernen, wenn die Kinder jeden Tag nur eine Strophe erlernen. Des Weiteren bietet es sich an die einzelnen Worte des Textes rhythmisch zu klatschen und danach zu tanzen. So können sich die Kinder die Worte besser einprägen und werden in ihrem Gefühl für Rhythmik geschult.

Apfelstübchen (S. 43)

Für die Apfelstübchen brauchen die Kinder runde Käseschachteln, die Sie im Vorfeld der Werkstatt von ihnen sammeln lassen sollten. Nach einer Besprechung oder Sammlung von Vorschlägen, was ein

Stübchen ist, was und wer sich darin befindet und wie es dann darin aussieht, können die Kinder mit Bunt- und Tonpapierstreifen, sowie Stoff- und Wollresten an das Ausgestalten der Käseschachtel gehen. Die Apfelkerne lassen sich entweder mit kleinen Wattekugeln (ca. 1,5 – 2 cm Durchmesser) herstellen. Dazu werden sie mit braunem Seidenpapier umhüllt, nach oben eine Spitze geformt und festgeklebt. Aus braunem Pfeifenputzerdraht können die Kinder dann noch Arme und Beine herstellen. Oder die Kerne können aus brauner Knetmasse geformt werden.

Abschließend kann das fertige Apfelstübchen auf der Rückseite mit einem Bildaufhänger versehen und an der Wand aufgehängt werden.

Apfel-Memory® (S. 47)

Kopieren Sie das Memory® mindestens zweimal auf festes Papier, malen es evtl. an, folieren bzw. laminieren es und zerschneiden es in die einzelnen Kärtchen.

Sie können dieses Arbeitsblatt auch als Lotto benutzen, indem Sie eine Kopie ganz lassen und nur die andere in Kärtchen zerschneiden.

Ein ganzer Apfel (S. 48, 49)

Kopieren Sie das Arbeitsblatt (1) mehrmals, folieren bzw. laminieren Sie es und schneiden dann die Apfelteile (Halbe, Viertel, Achtel) aus. Stellen Sie die Teile den Kindern dann als Versuchsstücke zur Verfügung. Beim Erarbeiten beider Arbeitsblätter bietet es sich an, dass die Kinder die Aufgaben am realen Objekt ausprobieren.

Apfel-Daumenkino (S. 51)

Kopieren Sie das Arbeitsblatt im Klassensatz. Evtl. sollten Sie den Kindern den Gebrauch eines Daumenkinos nochmals erklären. Außerdem benötigen Sie einen Tacker und evtl. eine Schneidemaschine zum Begradigen der vorderen Kante.

Obst-Kisten (S. 55)

Sie können dieses Angebot entweder den Kindern als Arbeitsblatt anbieten, das sie sich selber zerschneiden müssen. Oder aber Sie bereiten dieses Angebot wie folgt vor: Sammeln Sie leere Streichholzschachteln. Zerschneiden Sie die kopierten Wörter in die einzelnen Buchstaben-Kärtchen und stecken Sie sie jeweils in eine Schachteln. Zur Kontrolle können Sie ein Bild des Wortes oder das richtig zusammengesetzte Wort auf die Unterseite der jeweiligen Schachtel kleben.

So haben die Kinder genügend Buchstabenmaterial, mit dem sie Obstwörter legen können.

© Verlag an der Ruhr ◇ Postfach 10 22 51 ◇ 45422 Mülheim an der Ruhr ◇ www.verlagruhr.de

Vorwort

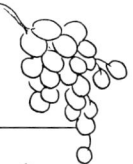

Obstkette (S. 58)

Sammeln Sie mit den Kindern möglichst viele Kerne, reinigen Sie sie und lassen sie gut trocknen. Bewahren Sie die Kerne dann in Behältern auf. Stellen Sie einige Nadeln, Zwirn und Brettchen zur Verfügung.

Evita Mina (S. 59)

Lassen Sie die Kinder im Vorfeld der Werkstatt Bilder von Früchten aus Prospekten, Katalogen etc. sammeln und ausschneiden.

Ein Frühstücks-Set (S. 60)

Kopieren Sie die Apfel-Schablone auf Din-A-3 vergrößert auf dickes Papier oder zeichnen Sie die Form selber groß auf Pappe auf und schneiden Sie sie aus.

Zum Ausmalen des Apfels werden Wachsmalstifte mit Bienenwachs benötigt, damit der Schliereneffekt beim Bügeln entsteht. Legen Sie sich dafür ein altes Bügeleisen und einige Lagen Zeitungspapier zurecht. Wenn die Kinder ihr Blatt fertig gestaltet haben, falten Sie es in der Mitte (Gemaltes nach innen) und bügeln es bei mittlerer bis hoher Temperatur zwischen einigen Zeitungsblättern bis das Wachs schmilzt und Schlieren bildet.

Durch das Verschmelzen der Wachsmalstifte entsteht eine besonders schöne Farbwirkung. Dann vorsichtig auseinander ziehen, evtl. den Apfel ausschneiden und nach dem Trocknen laminieren. Danach ist das Bild abwischbar und als Frühstücks-Set zu benutzen.

Obst-Lexikon (S. 61)

Kopieren Sie die Apfel- und Birnenschablone auf festes Papier, laminieren Sie sie evtl. und schneiden sie aus. Sie benötigen außerdem einen Tacker um das fertige Lexikon zusammen zu heften.

In ihr Obst-Lexikon können die Kinder dann alles hineinschreiben, was sie über den Apfel oder anderes Obst mittlerweile wissen.

Obst-Spiel (S. 62–64)

Kopieren Sie den Spielplan möglichst auf Din-A-3 vergrößert auf festes Paper. Malen Sie die Apfel-Felder rot an, die Lolli-Felder evtl. auch in einer anderen Farbe, die Startfelder (Früchte) in den entsprechenden Farben der Spielmännchen und laminieren/folieren Sie den Plan.

Stellen Sie ebenfalls die Spielanweisung, die Spielmännchen, Würfel und die kopierten, folierten bzw. laminierten und auseinander geschnittenen Karten zur Verfügung. Die roten Plättchen sollten in einem kleinen Behälter bereitgestellt werden.

Alle hier nicht aufgeführten Angebote müssen von Ihnen nur im **Klassensatz** kopiert und den Kindern zur Verfügung gestellt werden.

Lösungen:

Kniffliges Obst (1) (S. 26)

1. Blankoaufgabe
2. Blankoaufgabe
3. Anne bekommt 7 Aprikosen, Nina 5 Aprikosen.
4. Es sind 3 Äpfel (3 x 4 = 12 Kerne) und 2 Birnen (2 x 3 = 6 Kerne).

Kniffliges Obst (2) (S. 27)

1. Rotkäppchen bekam von der Hexe 16 Äpfel geschenkt.

16 : 2 = 8	8 Stück bekommt der Waldgeist
8 : 2 = 4	4 Stück bekommt der Wolf
4 : 2 = 2	2 Stück bekommt der Bruder
2 : 2 = 1	einen Apfel bekommt die Mutter

   Gretel behält den letzten Apfel für sich.

2. Wenn es doppelt so viele Äpfel wie Birnen sind, hat die Bäuerin 2 Teile Äpfel und 1 Teil Birnen. Da sie doppelt so viele Zwetschgen wie Äpfel pflückt, hat sie 4 Teile Zwetschgen. Das sind zusammen 7 Teile für 70 Früchte, je Teil sind das 10 Früchte. Das ergibt: 10 Birnen, 20 Äpfel und 40 Zwetschgen = 70 Früchte.

3. Hänsel hat am Anfang 7 Birnen, Gretel 5. Wenn Hänsel ihr eine abgibt, hat sie 6 Stück und Hänsel auch. Beide haben dann gleich viele Birnen. Wenn Hänsel der Gretel eine abnimmt, hat Hänsel 8 Birnen und Gretel 4. Hänsel hat dann doppelt so viele Birnen wie Gretel.

4. Die 5 € reichen genau, wenn Anna und Tom von jeder Frucht 2 Stück kaufen:

2 x 1 € 50 Cent für die Ananas	= 3 €
2 x 50 Cent für die Bananen	= 1 €
2 x 25 Cent für die Äpfel	= 50 Cent
2 x 25 Cent für die Birnen	= 50 Cent
insgesamt	5 €

© Verlag an der Ruhr ⟲ Postfach 10 22 51 ⟲ 45422 Mülheim an der Ruhr ⟲ www.verlagruhr.de

Arbeits-Pass von: _____

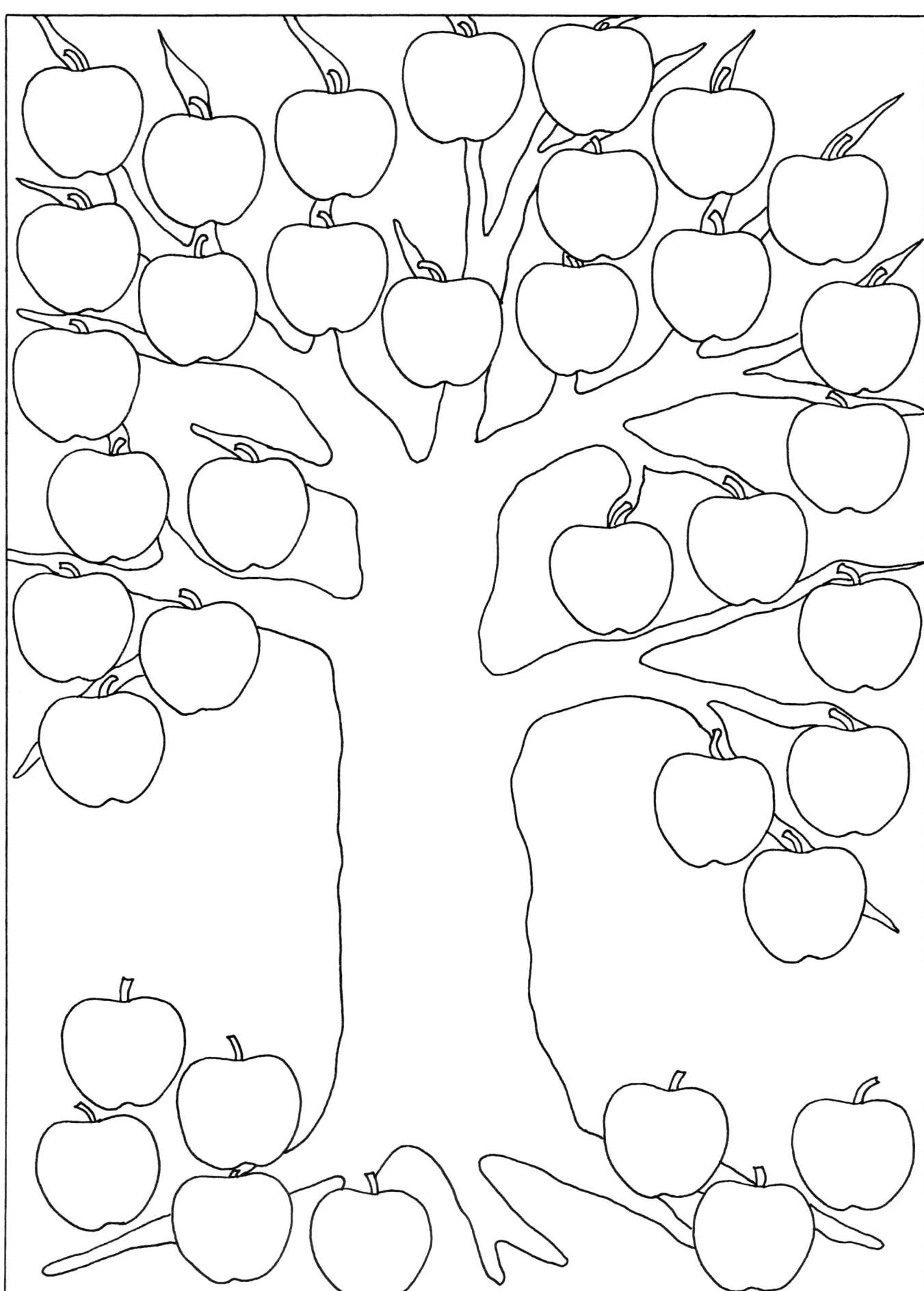

Die **Obst** Werkstatt

9

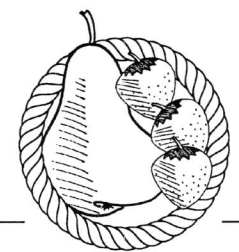

Obst-Rätsel

 Kannst du erraten, welches Obst
hier beschrieben wird?
Schreibe und male es auf.

Außen rot und knackig
innen gelb und saftig
in jedem Stübchen
zwei Bübchen

Rot wie der Mund
und so gesund
hängen als Paar
nur einmal im Jahr
schmecken am besten
von Nachbars Ästen
nicht nur dem Hansel
auch Star und Amsel

Ist krumm wie die Kurve
aber nicht so schnell
hat einen gelben Mantel
mit einem tollen Reißverschluss
machst du ihn auf erlebst du
eine gesunde Überraschung

Vom Grizzley den Namen
von einer Knackfrucht den Samen
vom Farbkasten das Rot
von der Erde das Wort
von der Sonne die Süße
mag keine nassen Füße
greif zu wie die Schnecken
und lass es dir schmecken

Kirschen

Erdbeere

Banane

Apfel

© Verlag an der Ruhr ○ Postfach 10 22 51 ○ 45422 Mülheim an der Ruhr ○ www.verlagruhr.de

 Die Obst Werkstatt

Station 1

Obst – Schleckermaul

 Das brauchst du:
- einen Partner
- eine Augenbinde
- Stücke verschiedener Obstsorten
- Bild-Karten (S. 13, 14)

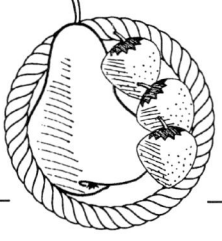 **So geht es:**
1. Lass dir die Augen verbinden.
2. Dein Partner gibt dir ein Stück Obst.
3. Stecke es in den Mund und schmecke.
4. Wie heißt die Frucht?
5. Wenn du richtig geschmeckt hast, gibt dir dein Partner die passende Bild-Karte.
6. Warst du ein gutes Schleckermaul?
7. Nun ist dein Partner mit Schmecken dran.

 Die **Obst** Werkstatt

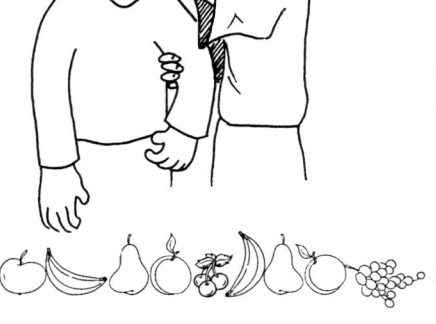

Station 2

Obst – Schnüffelnase

 **Das brauchst du:**
- verschiedene Döschen mit Duftproben
- Bild-Karten (S. 13, 14)

 So geht es:
1. Du kannst alleine oder mit Partner arbeiten.
2. Augen zu!
3. Öffne die Döschen nacheinander und schnuppere.
4. Welche Frucht kannst du riechen? Ordne dem Döschen die richtige Bildkarte zu.
5. Kontrolliere auf der Unterseite der Döschen.
6. Bist du eine gute Schnüffelnase?

 Die **Obst** Werkstatt

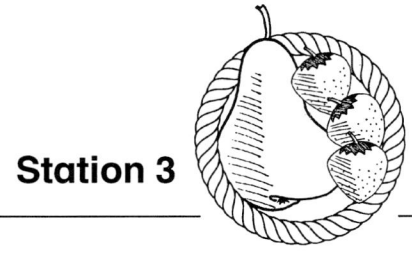

Station 3

Obst – Spürhund

 **Das brauchst du:**
- Fühl-Säckchen mit verschiedenen Obstsorten
- ein Blatt Papier und einen Stift

 **So geht es:**
1. Arbeite am besten alleine.
2. Versuche durch die Säckchen hindurch die Obstsorten zu erfühlen.
3. Schreibe dir die Nummer der Säckchen und den Obstnamen auf, den du erfühlt hast.
4. Überprüfe dein Ergebnis, indem du in die Säckchen schaust.
5. Bist du ein guter Spürhund?

Die **Obst** Werkstatt

✂ -

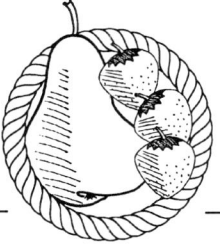

Station 4

Obst – Superblick

 Das brauchst du:
- aufgeschnittenes Obst
- Bild-Karten (S. 13, 14)

 **So geht es:**
1. Arbeite alleine oder mit Partner.
2. Wie sieht das Obst im Innern aus?
3. Lege zu jedem Obst die richtige Bild-Karte.
4. Hattest du den Superblick?

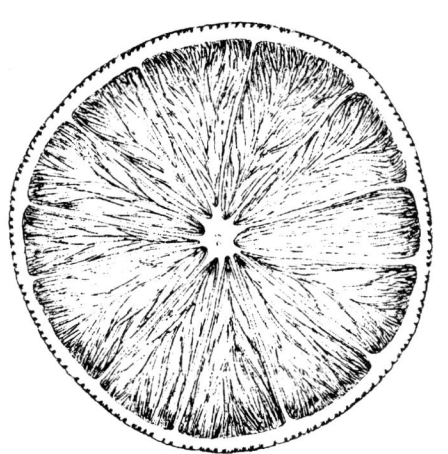

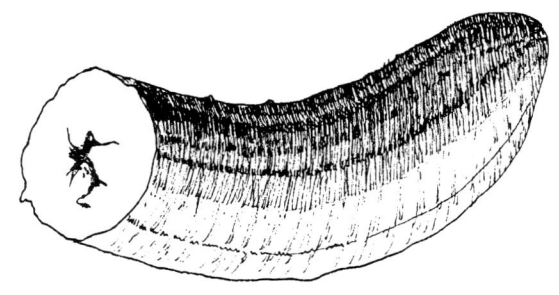

 Die **Obst** Werkstatt

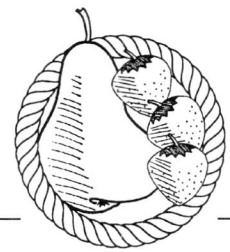

Bild-Karten (1)

Pflaume

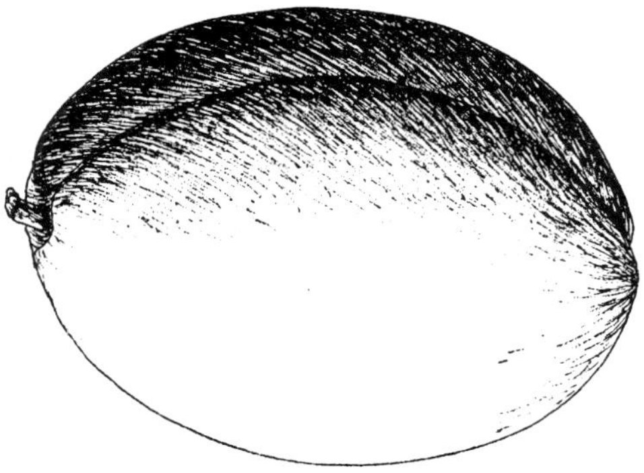

Pflaume

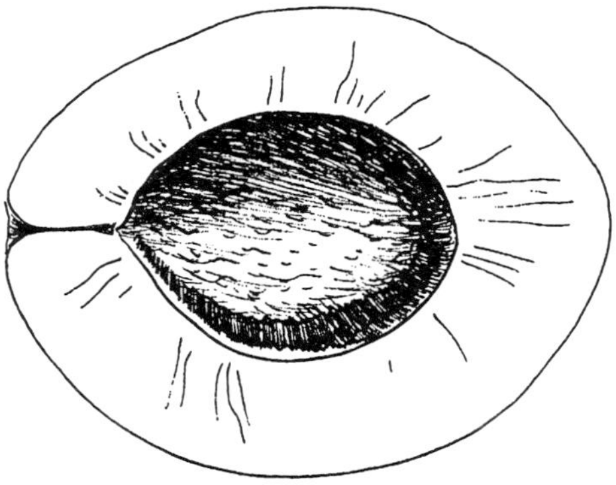

Birne

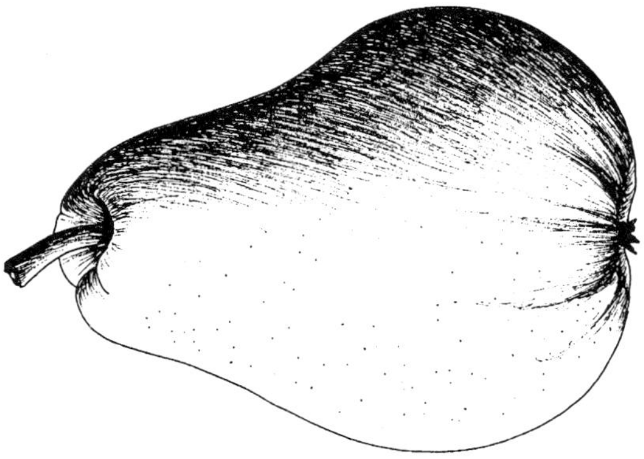

Birne

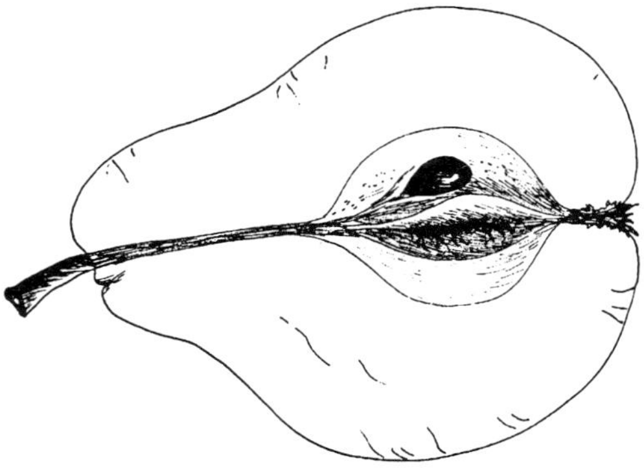

Banane

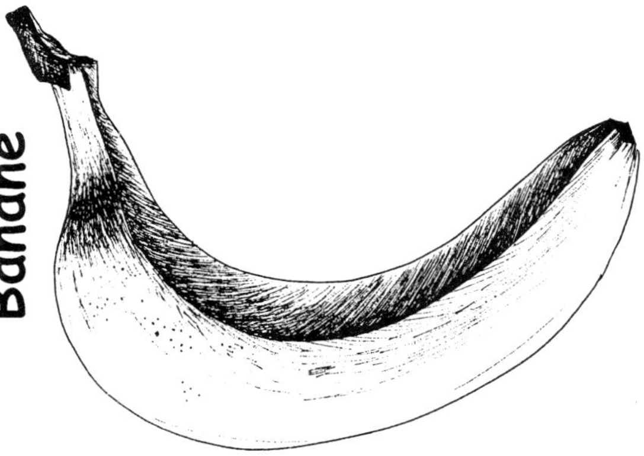

Banane

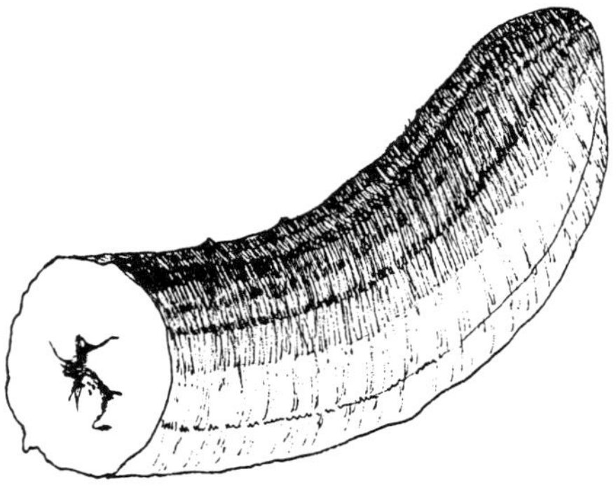

Ananas

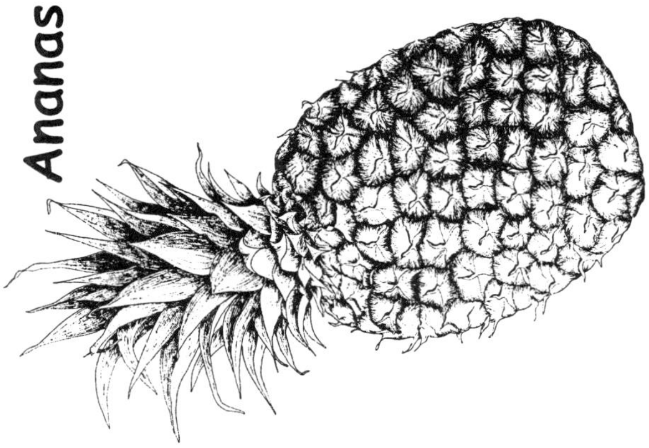

Ananas

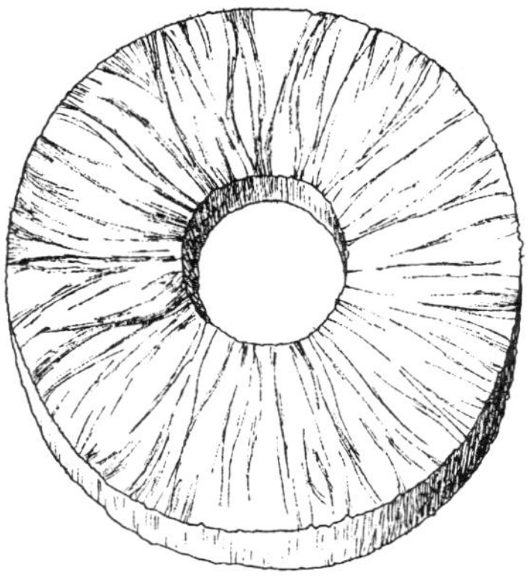

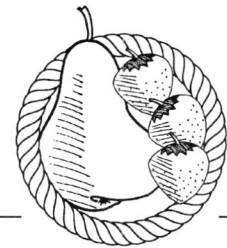

Bild-Karten (2)

Pfirsich

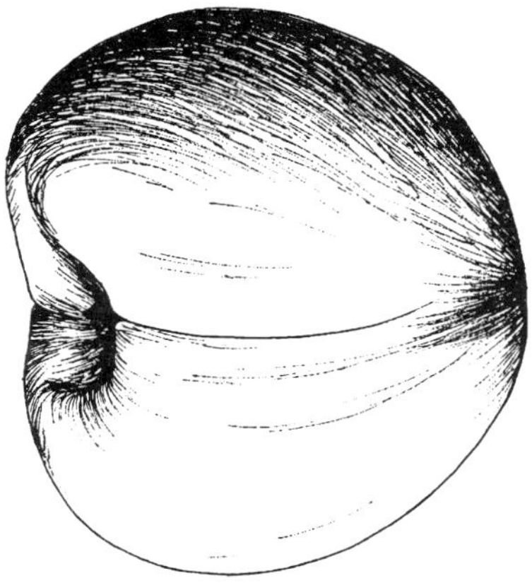

Pfirsich

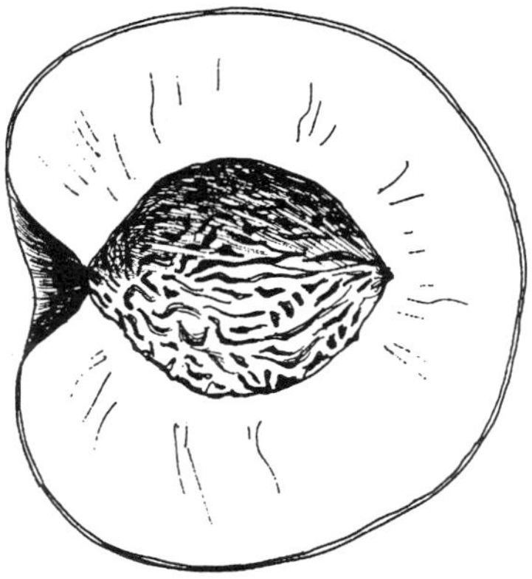

Orange

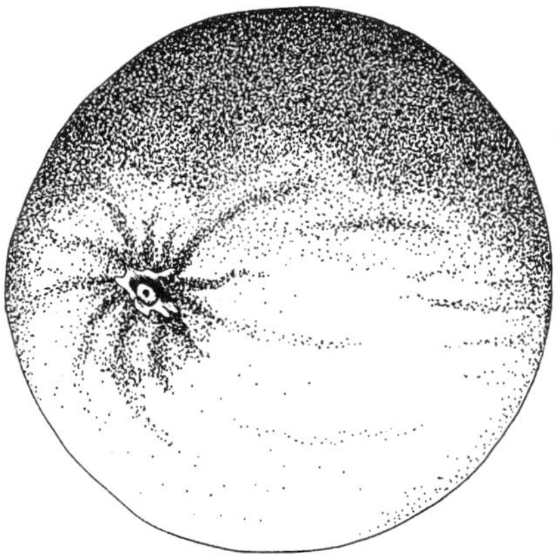

Orange

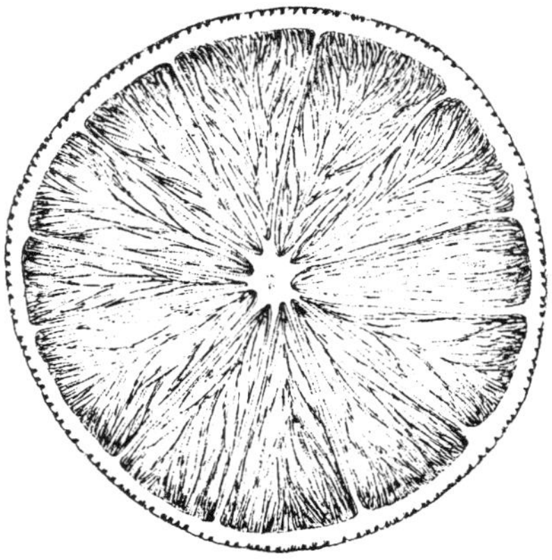

Kirsche

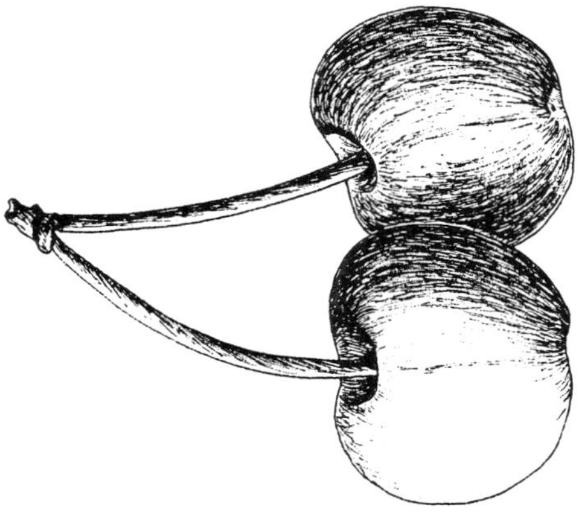

Kirsche

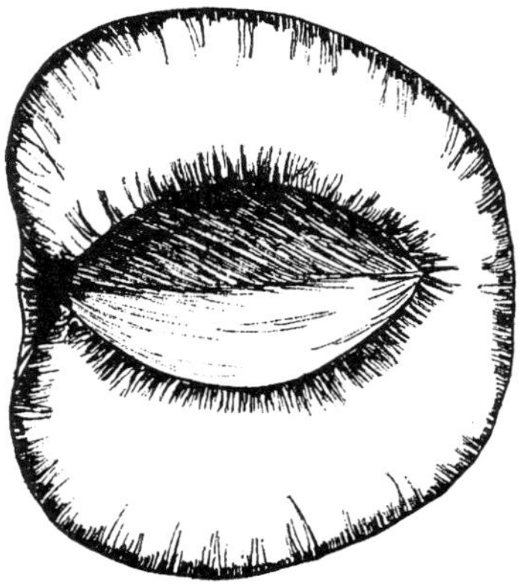

Erdbeere

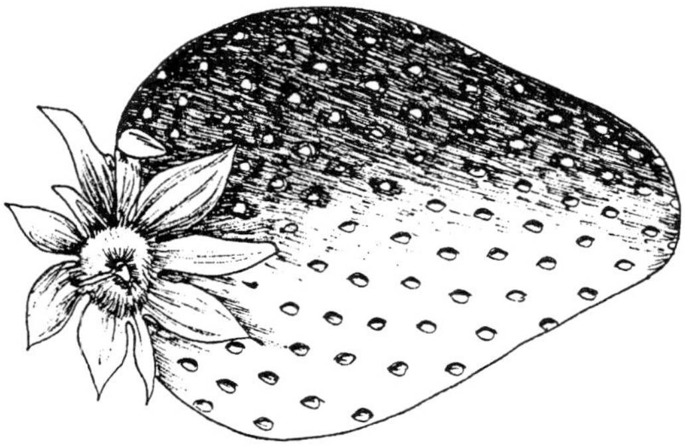

Erdbeere

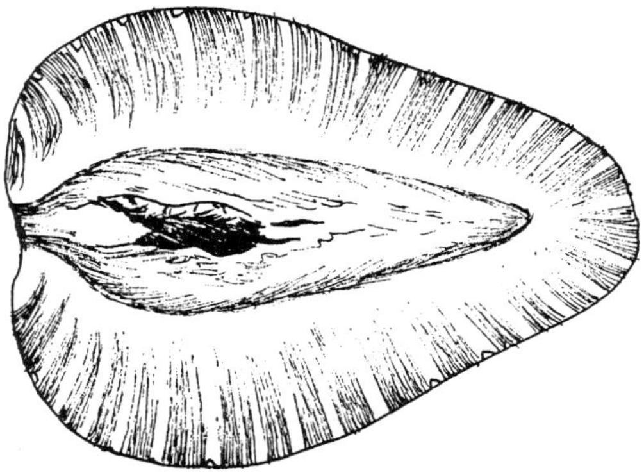

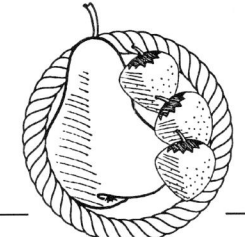

Obst-Frage-Karte (1)

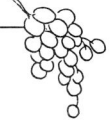

 Lies dir den Text genau durch.
Beende nun die Sätze durch
richtiges Ankreuzen.

Der Apfel
Der Apfel ist bei uns einer der Früchte, die am meisten gegessen werden. Apfelbäume wachsen in vielen Gebieten der Erde. Der Apfelbaum wird bis 10 Meter groß. Die **Baum-Krone** sieht **kugelförmig** aus. Die **Blüten** sind **weiß-rosa** und stehen in Büscheln zusammen. Es gibt eine Menge Apfelsorten, zum Beispiel Cox Orange, Granny, Boskop, Rubinette und viele mehr. Der Apfel ist ein **Kernobst**. Er hat also in seinem Inneren ein Gehäuse mit Kernen. Er schmeckt nicht nur gut, sondern ist auch gesund. Er hat viele **Vitamine** und Kalzium. Das Kalzium ist für unsere Zähne gut. Äpfel fördern auch die Verdauung. Deshalb sollte man sich angewöhnen, regelmäßig einen Apfel zu essen.

Äpfel
- ◯ machen besonders schlau.
- ◯ sind schlecht für unsere Zähne.
- ◯ haben viele Vitamine.

Die Krone des Apfelbaums
- ◯ ist spitz.
- ◯ wächst viereckig.
- ◯ sieht kugelförmig aus.

Die Blüten sind
- ◯ weiß-rosa.
- ◯ ganz weiß.
- ◯ rot und lila.

Der Apfel ist
- ◯ ein Steinobst.
- ◯ ein Kernobst.
- ◯ eine Beere.

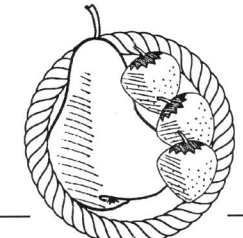

Obst-Frage-Karte (2)

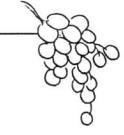

 Lies dir den Text genau durch.
Beende nun die Sätze durch
richtiges Ankreuzen.

Die Banane
Schon die **Inkas** in Südamerika haben Bananen gegessen. Sie werden heute in vielen tropischen Gebieten angepflanzt, da sie es gleichmäßig **warm** und **feucht** mögen. Die Banane gehört zu den sogenannten Südfrüchten.
Die Bananen wachsen an 2–9 Meter hohen Stauden. Sie werden geerntet wenn sie noch **grün** sind.

Dann werden sie bei uns in Reiferäume gelegt, wo sie in Ruhe nachreifen und gelb werden. Bananen sind **länglich gebogen** und haben eine gelbe dicke Schale. Das Fruchtfleisch ist weißlich-gelb und weich. Bananen enthalten viele Vitamine und sind gut verdaulich. Deshalb werden damit gerne Kleinkinder gefüttert.

Die Banane wurde
- ⚪ schon von den Inkas gegessen.
- ⚪ noch nie gegessen.
- ⚪ schon immer als Hundefutter genommen.

Die Bananenpflanze mag es
- ⚪ trocken und heiß.
- ⚪ nass und kalt.
- ⚪ feucht und warm.

Die Banane ist
- ⚪ klein und oval.
- ⚪ länglich gebogen.
- ⚪ groß und rund.

Die Bananen
- ⚪ werden braun gepflückt.
- ⚪ fallen von selbst ab.
- ⚪ werden grün geerntet.

 Die **Obst** Werkstatt

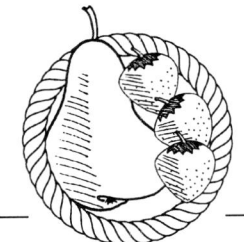

Obst-
Frage-Karte (3)

Lies dir den Text genau durch.
Beende nun die Sätze durch
richtiges Ankreuzen.

Die Pflaume/Zwetschge
Die Pflaume oder Zwetschge gehört zum **Steinobst**, das heißt, dass sie einen Stein in ihrer Mitte hat. Dieser Stein ist der Samen. Es gibt viele verschiedene Pflaumenarten, die verschieden groß sind, verschieden aussehen und schmecken. Unsere Hauspflaume ist eiförmig, **dunkelblau** und hat eine leicht abwischbare Schale.

Auch die Mirabelle ist eine Pflaumenart. Das Fruchtfleisch unserer Pflaume ist **süß** und sehr **saftig**. Man kann sie roh, gekocht oder getrocknet essen. Man kann die Pflaume auch zu Mus verarbeiten. Pflaumen sind gut für unsere Gesundheit, weil sie viele Vitamine, Ballaststoffe und **Wasser** enthalten.

Die Pflaume gehört	◯ zum Kernobst.
	◯ zum Steinobst.
	◯ zu den Zitrusfrüchten.

Das Fruchtfleisch der Pflaume	◯ ist staubig.
	◯ schmeckt salzig.
	◯ ist süß und saftig.

Unsere Hauspflaume hat eine	◯ gelbe raue Schale.
	◯ schwarze Schale.
	◯ dunkelblaue glatte Schale.

Pflaumen enthalten	◯ viel Honig.
	◯ viel Knete.
	◯ viel Wasser.

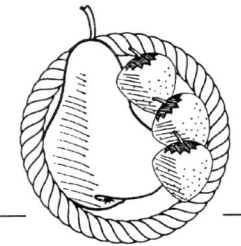

Obst-Frage-Karte (4)

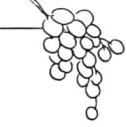

Lies dir den Text genau durch.
Beende nun die Sätze durch
richtiges Ankreuzen.

Die Erdbeere
Die Erdbeerpflanze ist eine Staude,
die **direkt am Boden wächst**.
Erdbeerpflanzen wachsen nicht in
ganz heißen oder besonders kalten
Gebieten. Sie lieben das Klima,
so wie es bei uns ist. Inzwischen gibt
es über 30 Sorten von Erdbeeren.
Die **Beeren** sind außen rot und
haben viele **kleine Nüsschen auf
dem Fruchtfleisch** sitzen.
Diese sogenannten Nüsschen
sind die Samen.

Die Erdbeeren enthalten
viel **Wasser** und **Vitamine**.
Am besten schmecken
sie roh oder leicht
gesüßt und mit
Sahne. Man
kann sie auch
für Kuchen, Eis,
Marmelade,
Milchshakes
und Quarkspeisen
verwenden und gut
einfrieren.

Die Erdbeerpflanze

○ wächst direkt am Boden.
○ ist ein Baum.
○ schwebt in der Luft.

Erdbeeren sind

○ nicht essbar.
○ Gemüse.
○ Beeren.

**Die Erdbeerfrucht hat
als Samen**

○ viele Kerne in der Mitte.
○ Nüsschen auf dem Fruchtfleisch.
○ einen dicken Stein in der Mitte.

In Erdbeeren

○ sind viel Wasser und Vitamine.
○ ist viel Gras.
○ sind viele Holzstücke.

Die **Obst** Werkstatt

© Verlag an der Ruhr ◯ Postfach 10 22 51 ◯ 45422 Mülheim an der Ruhr ◯ www.verlagruhr.de

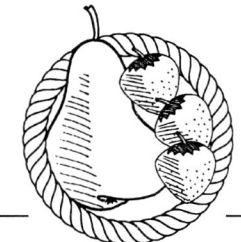

Obst-
Frage-Karte (5)

 Lies dir den Text genau durch.
Beende nun die Sätze durch
richtiges Ankreuzen.

Die Orange
Die Orange ist eine **Zitrusfrucht**. Sie wächst vor allem in tropischen und anderen gleichmäßig warmen Gebieten. Die Orangen wachsen auf immergrünen **Sträuchern** oder **kleinen Bäumen**. Die Blätter sind eiförmig und ledrig und die weißen Blüten duften stark.

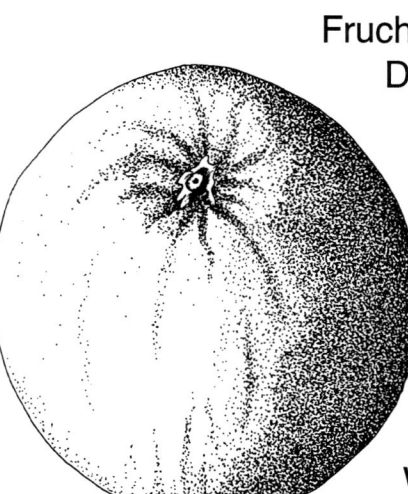

Die Schale der Orange ist **hellorange** bis dunkelrot und ziemlich **dick**. Das Fruchtfleisch ist süß-säuerlich. Die Orange enthält viele Vitamine. Vor allem ihr Vitamin C ist besonders gesund für uns. Orangen kann man **das ganze Jahr über einkaufen**. Am besten schmecken sie aber in den Wintermonaten.

Die Orange ist
- ein Kernobst.
- eine Zitrusfrucht.
- ein Steinobst.

Die Orangenpflanzen
- sind riesige Palmen.
- sind Sträucher oder kleine Bäume.
- wachsen auf dem Boden.

Die Orange hat eine
- dicke, orange-farbene Schale.
- gelbe, dünne Schale.
- gar keine Schale.

Orangen kann man
- nur im Dezember kaufen.
- im Sommer selber ernten.
- das ganze Jahr einkaufen.

© Verlag an der Ruhr · Postfach 10 22 51 · 45422 Mülheim an der Ruhr · www.verlagruhr.de

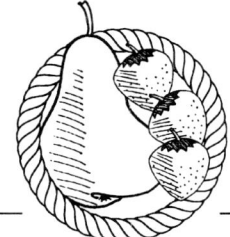

Obst-
Sortier-Maschine (1)

Lies dir zuerst die Texte in den Obst-Puzzles
genau durch. Weißt du jetzt, was Kern-, Stein-,
Beerenobst und Südfrüchte sind?
Dann schneide die Puzzleteile auseinander.
Mische alle Teile.
Sortiere nun die Puzzleteile nach Kern-, Stein-,
Beerenobst und Südfrüchten.
Die kleinen Bildchen auf den
Puzzleteilen helfen dir dabei.
Lege die sortierten Puzzleteile
zu je einer Frucht
zusammen.

Kernobst

Das ist Kernobst.

Im Kerngehäuse
liegen mehrere
Kerne.

Die Kerne sind
die Samen.

Birne

Die Kerne
sind klein.

Apfel

Quitte

Im Kernobst ist ein
Kerngehäuse.

Steinobst

Aprikose

Pflaume

Kirsche

Das ist Steinobst.

Nektarine

Der Stein ist
der Samen.

Im Steinobst ist ein
harter Stein.

Pfirsich

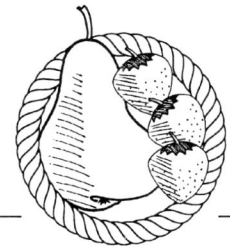

Obst-
Sortier-Maschine (2)

Lies dir zuerst die Texte in den Obst-Puzzles genau durch. Weißt du jetzt, was Kern-, Stein-, Beerenobst und Südfrüchte sind?
Dann schneide die Puzzleteile auseinander. Mische alle Teile.
Sortiere nun die Puzzleteile nach Kern-, Stein-, Beerenobst und Südfrüchten. Die kleinen Bildchen auf den Puzzleteilen helfen dir dabei.
Lege die sortierten Puzzleteile zu je einer Frucht zusammen.

Beerenobst

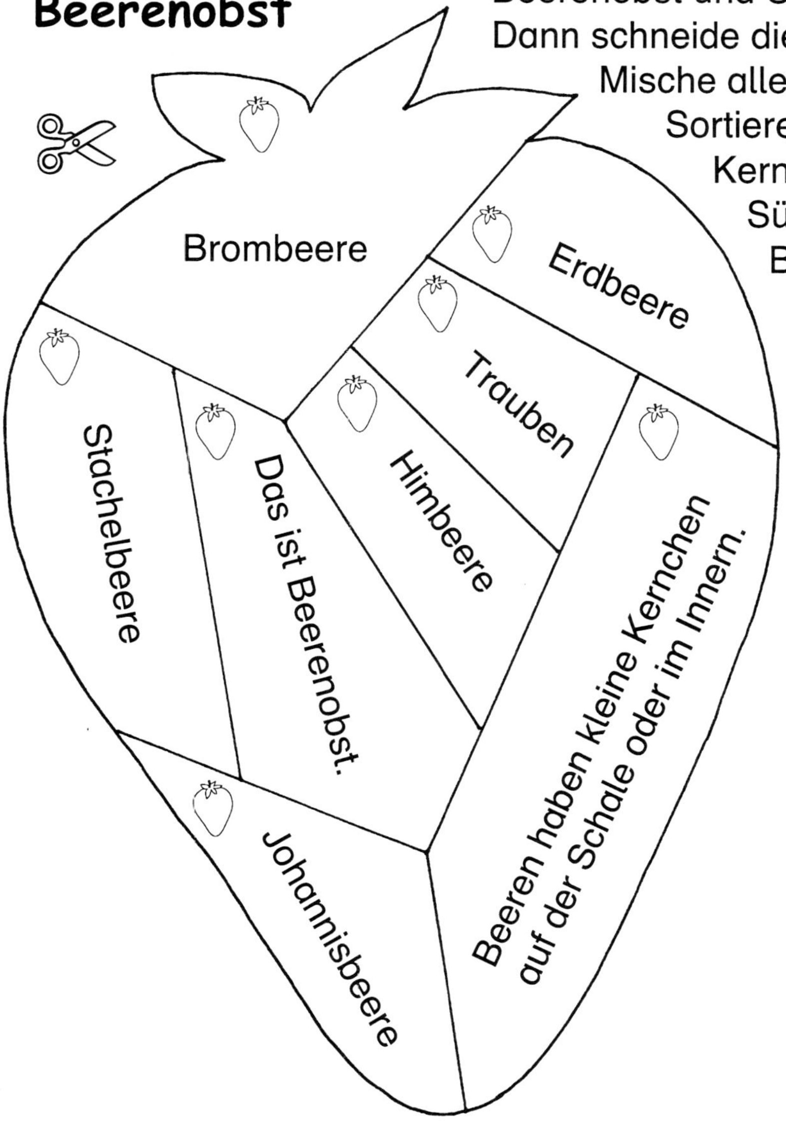

Brombeere

Erdbeere

Stachelbeere

Das ist Beerenobst.

Himbeere

Trauben

Beeren haben kleine Kernchen auf der Schale oder im Innern.

Johannisbeere

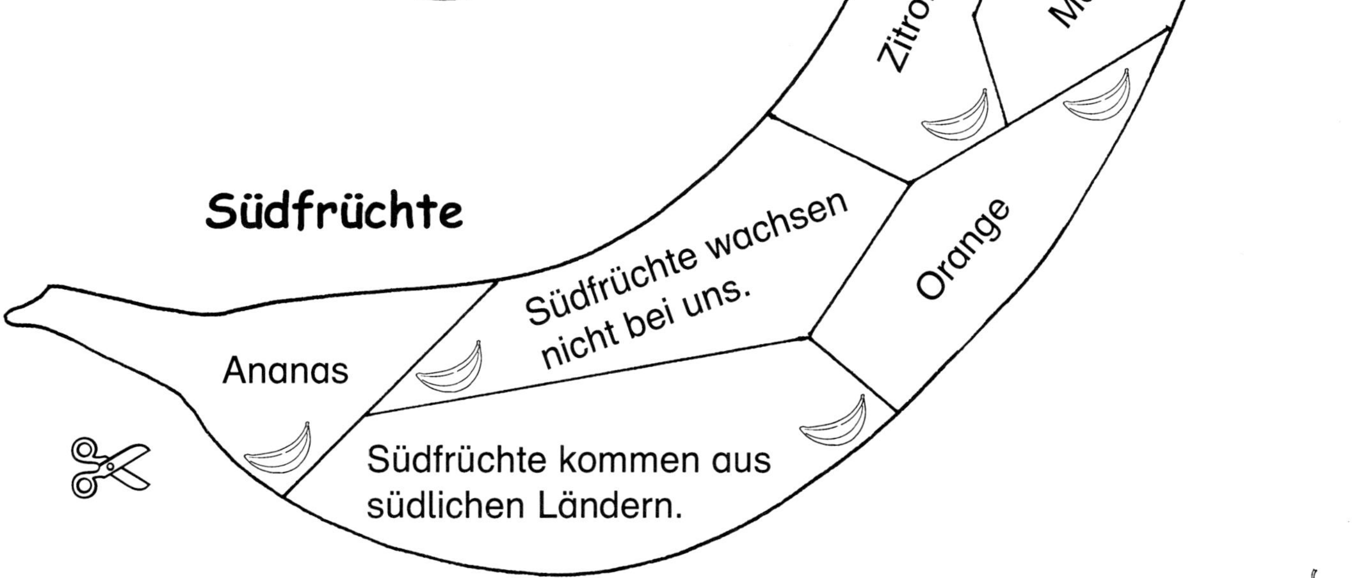

Das sind Südfrüchte.

Banane

Zitrone

Mandarine

Südfrüchte

Ananas

Südfrüchte wachsen nicht bei uns.

Orange

Südfrüchte kommen aus südlichen Ländern.

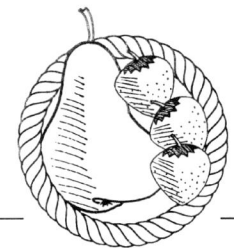

Fruchtteile

Weißt du, wie die einzelnen Teile
der Frucht heißen?
Schneide die Kärtchen aus
und lege sie an die richtige Stelle.
Klebe sie auf.

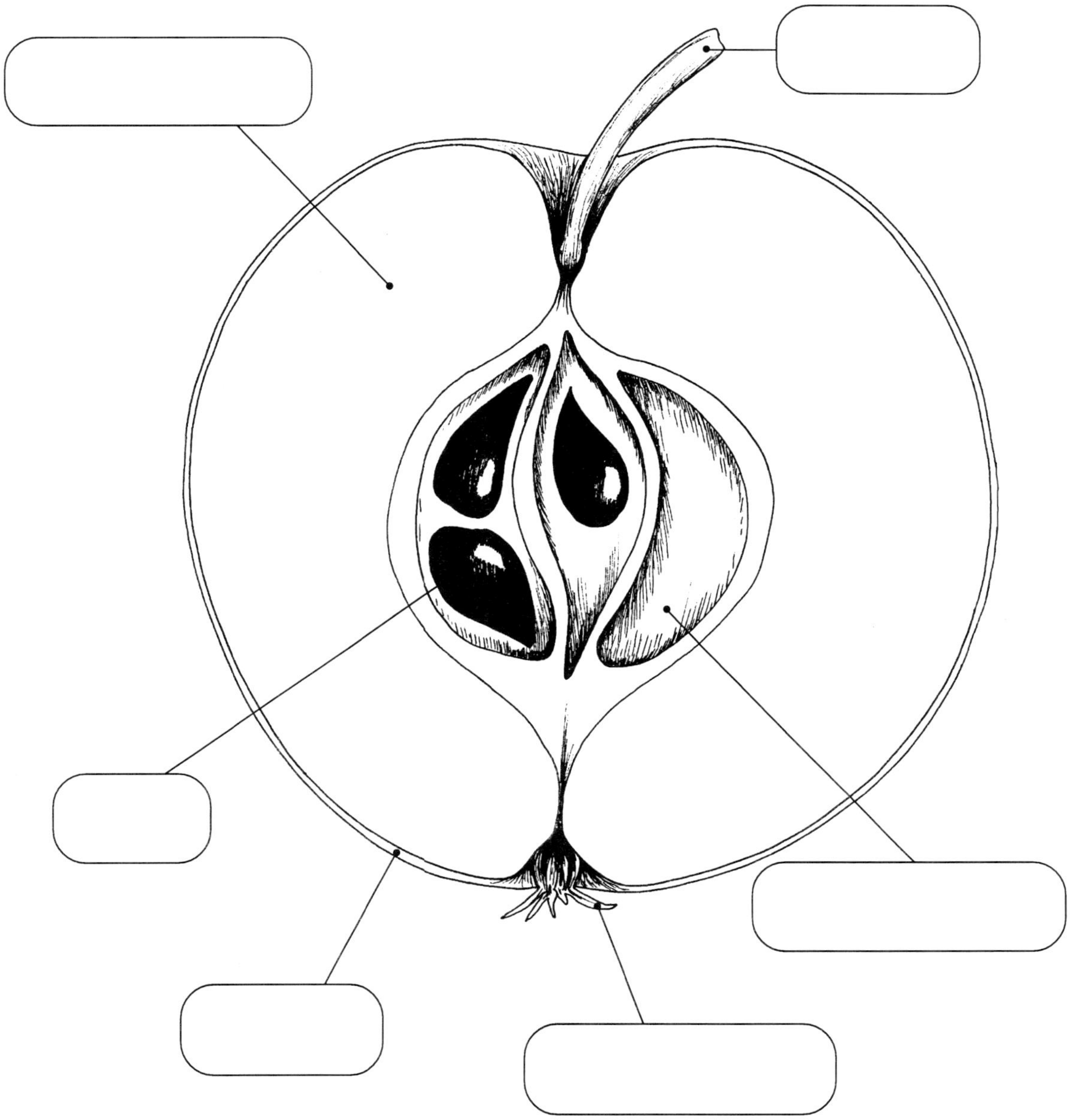

Stängel	Fruchtfleisch	Rest der Blüte

Schale	Kerngehäuse	Kerne

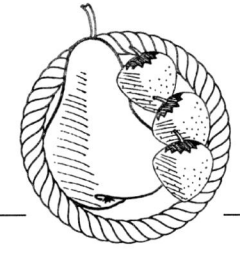

Pflanzversuch (1)

 Sammel die Kerne und Steine verschiedener Früchte. Lasse sie nach den folgenden Anweisungen (S. 23 – 25) keimen. Pflanze sie dann vorsichtig ein. Du brauchst etwas Geduld und Glück.

Sei nicht traurig, wenn es nicht auf Anhieb klappt. Es ist schwierig, einen Fruchtsamen zum Keimen zu bringen. Starte deine Keim- und Pflanzversuche deshalb vielleicht gleich mit mehreren Kernen oder Steinen.

Keim- und Pflanzanweisung für Kerne
(z.B. von Äpfeln oder Birnen)

 Du brauchst:

- ein Glas (Marmeladenglas o. Ä.)
- einige Papierwischtücher
- mehrere Kerne vom Apfel oder Birne
- Wasser
- ein Stück Plastikfolie
- eine Stopfnadel
- einen Blumentopf mit Erde

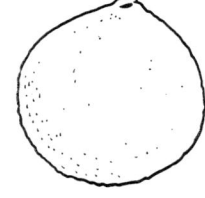

So geht es:

1. Stecke die Papierwischtücher in das Glas, so dass es fast ausgefüllt ist.
2. Stecke deine Kerne zwischen Tücher und Glas, so dass sie von außen gut zu sehen sind.
3. Befeuchte die Papiertücher. Sie dürfen jedoch nicht zu nass sein. Denn sonst schimmeln deine Kerne.
4. Spanne nun eine Plastikfolie über das Glas. Stich mit der Nadel einige Löcher in die Folie.
5. Stelle dein Glas an einen warmen und dunklen Ort. Denke daran: die Tücher müssen immer feucht sein.

6. Habe ein wenig Geduld! Nach etwa einer Woche kannst du vielleicht schon etwas beobachten.
7. Warte noch ein paar weitere Tage. Wenn deine Kerne gekeimt haben, siehst du einen kleinen grünen Sprössling aus ihnen wachsen.
8. Pflanze nun deinen Sprössling in die Erde. Stelle ihn an ein sonniges Plätzchen (z.B. ans Fenster).
9. Beobachte deinen Sprössling weiter. Vergiss das Gießen nicht.

Viel Glück!

© Verlag an der Ruhr ○ Postfach 10 22 51 ○ 45422 Mülheim an der Ruhr ○ www.verlagruhr.de

 Die **Obst** Werkstatt

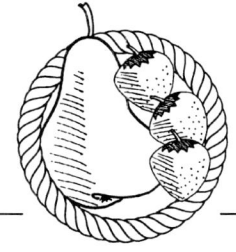

Pflanzversuch (2)

Keim- und Pflanzanweisung für Zitruskerne
(z.B. von Zitronen, Orangen, Mandarinen, Pampelmusen)

 **Du brauchst:**
- eine Schale
- etwas saubere Watte
- Wasser
- einige Kerne von Zitronen, Orangen …
- ein Stück Plastikfolie
- eine Stopfnadel
- einen Blumentopf mit Erde

 **So geht es:**

1. Lege die saubere Watte in deine Schale.
2. Reinige deine Kerne sehr gründlich unter Wasser, damit nichts schimmelt.
3. Lass die Kerne gut trocknen.
4. Feuchte die Watte etwas an und lege deine Kerne hinein. Die Watte darf nicht zu nass sein, sonst schimmeln deine Kerne.
5. Spanne etwas Plastikfolie über die Schale. Stich mit der Nadel einige Löcher hinein.
6. Stelle deine Schale an einen warmen und dunklen Ort. Denke daran: die Watte muss immer feucht sein.

7. Nach etwa 14–20 Tagen kannst du vielleicht schon etwas beobachten.
8. Verliere nicht die Geduld, wenn es etwas länger dauert.
9. Wenn deine Kerne keimen, pflanze die Sprösslinge in den Blumentopf mit angefeuchteter Erde (etwa 2 cm tief).
10. Stelle den Topf wieder an einen warmen und dunklen Ort, bis die ersten Blätter aus der Erde wachsen.
11. Dann kannst du die Pflanze an einen hellen Ort stellen und beobachten. Vergiss das Gießen nicht.

Viel Glück!

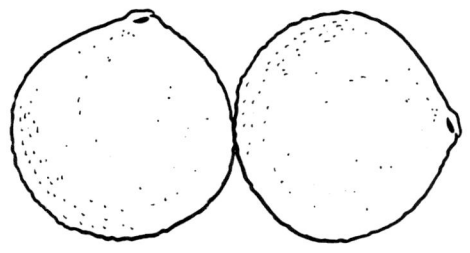 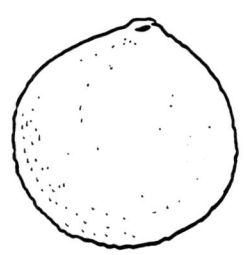

Die **Obst** Werkstatt

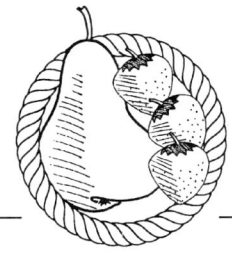

Pflanzversuch (3)

Keim- und Pflanzanweisung für Steine
(z.B. von Pfirsichen, Aprikosen, Pflaumen)

 **Du brauchst:**
- einige Steine vom Pfirsich, von der Aprikose oder Pflaume
- einen Nussknacker
- Wasser
- einen Blumentopf mit Erde

 **So geht es:**

1. Reinige deine Steine unter Wasser.
2. Lasse sie trocknen. Knacke die harte Schale mit dem Nussknacker etwas an. So hat der Keim es leichter, ans Licht zu kommen.
3. Stecke deine Steine dann in die angefeuchtete Erde. Die Erde darf nicht zu nass sein, da die Steine sonst schimmeln.
4. Stelle deinen Blumentopf an einen warmen und dunklen Ort. Halte die Erde feucht.
5. Jetzt brauchst du viel Geduld.
6. Wenn die ersten Blätter aus der Erde kommen, kannst du deinen Topf ans Licht stellen.

Viel Glück!

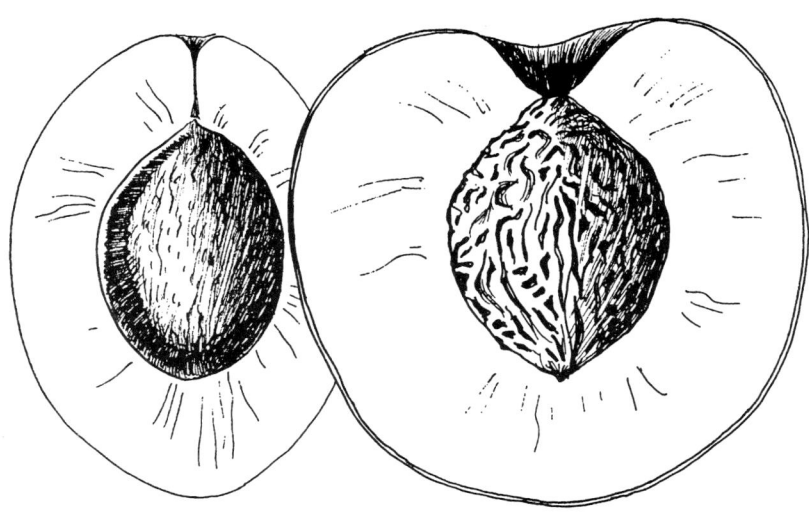

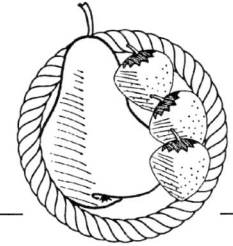

Kniffliges Obst (1)

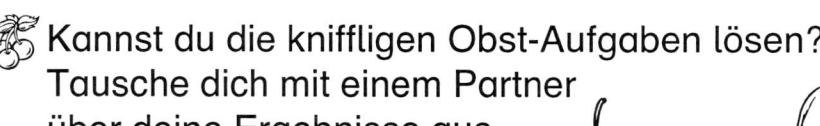

Kannst du die kniffligen Obst-Aufgaben lösen?
Tausche dich mit einem Partner
über deine Ergebnisse aus.

1. Du hast eine Anzahl
von Kirschen.
Wenn du sie verdoppelst,
erhältst du _____
Kirschen.
Wie viele Kirschen
hast du also?

_____

_____

2. Ich habe viele Pflaumen
im Korb.
Ich teile sie genau
mit meiner Freundin.
Jeder bekommt _____
Pflaumen.
Wie viele Pflaumen
waren im Korb?

_____

_____

3. Anne und Nina haben
zusammen 12 Aprikosen.
Anne hat zwei mehr als Nina.
Wie viele Aprikosen hat
Anne, wie viele hat Nina?

_____

_____

4. Du hast 18 Kerne vor dir
liegen. In jedem Apfel sind
4 Kerne, in jeder Birne
3 Kerne. Kriegst du heraus,
aus wie vielen Äpfeln und wie
vielen Birnen die Kerne sind?
*(Tipp: Löse die Aufgabe mit Hilfe
von 18 richtigen Kernen)*

_____

_____

© Verlag an der Ruhr ○ Postfach 10 22 51 ○ 45422 Mülheim an der Ruhr ○ www.verlagruhr.de

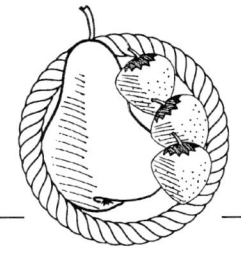

Kniffliges Obst (2)

 Kannst du die kniffligen Obst-Aufgaben lösen? Tausche dich mit einem Partner über deine Ergebnisse aus.

1. Rotkäppchen bekommt von der Hexe zum Abschied Äpfel geschenkt. Als sie den Zauberwald verlässt, muss sie dem Waldgeist die Hälfte davon abgeben. Unterwegs begegnet ihr ein hungriger Wolf. Mitleidig gibt sie ihm die Hälfte ihrer verbliebenen Äpfel ab. Kurz vor ihrem Zuhause läuft ihr der Bruder über den Weg. „Kann ich die Hälfte von deinen Äpfeln haben?" fragt er und nimmt sie freudestrahlend in Empfang. Da öffnet die Mutter die Tür. Rotkäppchen streckt ihr die Hälfte ihrer verbliebenen Äpfel entgegen und merkt, dass sie jetzt selbst nur noch einen in der Hand hält.
Wie viele Äpfel bekam Rotkäppchen von der Hexe geschenkt?

2. Bäuerin Erna hat Obst gepflückt, insgesamt 70 Äpfel, Birnen und Zwetschgen. Sie zählt doppelt so viele Äpfel wie Birnen und doppelt so viele Zwetschgen wie Äpfel.
Wie viele Früchte jeder Sorte hat sie geerntet?

3. Hänsel und Gretel haben Birnen vom Baum gepflückt. Das ist ungerecht, sagt Gretel, du hast mehr als ich. Wenn du mir eine abgibst, haben wir beide gleich viele Birnen. Sei froh, dass ich dir keine abnehme, schimpft Hänsel, dann hätte ich nämlich doppelt so viele wie du! Wie viele Birnen hatte jeder gepflückt?

4. Anna und Tom werden von der Mutter auf den Markt geschickt. Sucht euch an Obst aus, was ihr wollt, sagt sie und gibt ihnen 5 €. Anna und Tom wollen Äpfel, Birnen, Bananen und Ananas kaufen. Äpfel und Birnen kosten pro Stück 25 Cent, eine Banane kostet 50 Cent. Eine Ananas kostet 1 € und 50 Cent. Nun beginnt das große Rechnen. Reicht das Geld, wenn es von jeder Obstsorte gleich viel sein soll?

 Die Obst Werkstatt

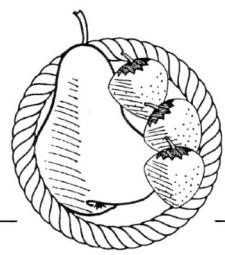

Fruit - Puzzle

Kannst du das englische Obst-Puzzle lösen?
Schneide die einzelnen Puzzleteile aus
und lege sie richtig zusammen.

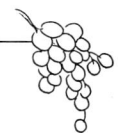

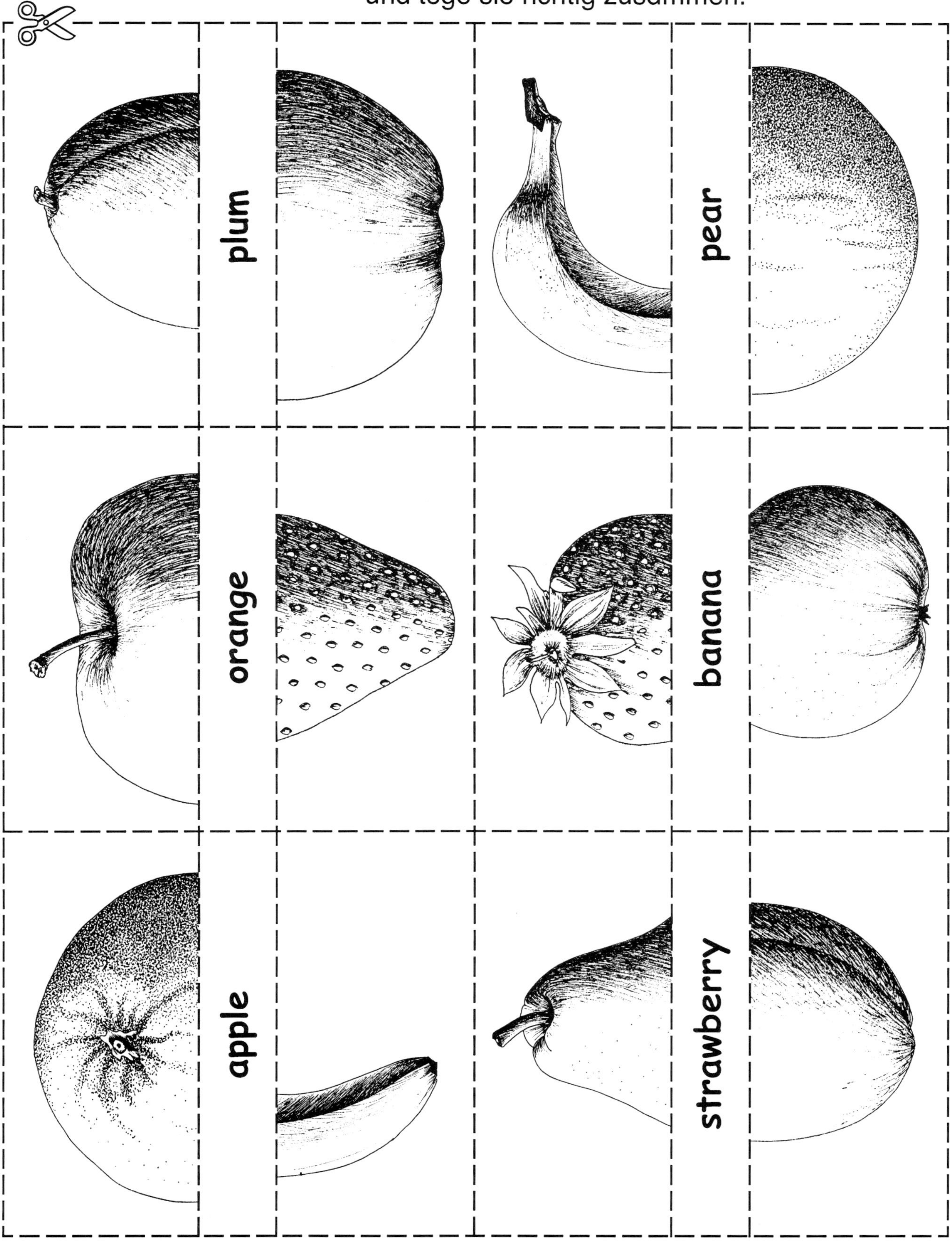

plum

pear

orange

banana

apple

strawberry

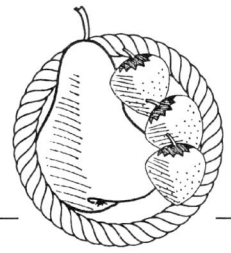

English-Fun

Hier haben sich ganz viele Früchte versteckt.
Findest du sie? Kreise sie ein.
Achtung: *Die Früchte sind alle auf englisch.*

PEAR
APPLE
BANANA
GRAPE
PLUM
STRAWBERRY
ORANGE

A	W	T	O	R	A	N	G	E	W	Q
W	F	H	J	K	O	Q	N	N	P	G
S	T	R	A	W	B	E	R	R	Y	F
Q	H	P	P	F	P	L	U	M	Ö	X
H	Z	D	P	K	Q	B	K	S	D	B
B	G	O	L	A	Q	L	B	Z	U	G
A	H	Q	E	C	Ö	U	H	J	S	P
N	S	J	K	I	Ö	L	V	D	H	E
A	Q	G	R	A	P	E	K	M	V	A
N	Q	C	H	K	M	Q	S	X	Y	R
A	H	Q	V	J	K	L	M	Q	B	L

Obst ist gesund

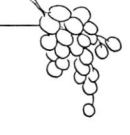

 Lies den Text genau durch.
Kannst du die Lücken richtig ausfüllen?

Obst schmeckt nicht nur _____ .
Es ist für deine tägliche Ernährung
besonders wichtig. Denn im
_____ stecken eine Menge
wichtiger Vitamine. Sie helfen deinem
Körper gesund zu bleiben. Außerdem
schadet Obst nicht wie Süßigkeiten
deinen _____ .
Und es schmeckt trotzdem süß.

Durch das Essen von Obst nimmst
du auch viele Ballaststoffe zu dir.
Sie halten deinen Darm in Bewegung
und helfen dir schlank und fit zu
bleiben. Obst ist auch ein guter
Durstlöscher, da alle Früchte viel
_____ enthalten. Also,
öfter mal Obst auf deinem Tagesplan
und du bleibst _____!

Obst	gut	gesund

Wasser	Zähnen

 Jetzt weißt du schon eine Menge über Obst.
Male, klebe und schreibe ein Plakat,
das gesundes Obst anpreist.

 Dazu brauchst du:
- alte Tapetenrollen
- alte Zeitschriften, Prospekte und Werbeblätter
- Klebstoff und Schere
- Wassermalfarben oder Wachsmalstifte

Zauberapfel

 Du brauchst:
- einen gewaschenen Apfel
- ein kleines Messer
- ein Brettchen
- einen Apfelentkerner

 So geht es:

(Lasse dir am besten von einem Erwachsenen helfen)
1. Entkerne den Apfel mit dem Apfelentkerner.
2. Schneide den Apfel so auf, wie du es auf dem Bild siehst.
3. Setze ihn dann wieder zusammen.

Und nun guten Appetit!

 Die **Obst** Werkstatt

Obstspieße

 Du brauchst:
- Obstsorten deiner Wahl
- einige Schaschlikspieße aus Holz
- ein Brettchen
- ein kleines Messer

 So geht es:

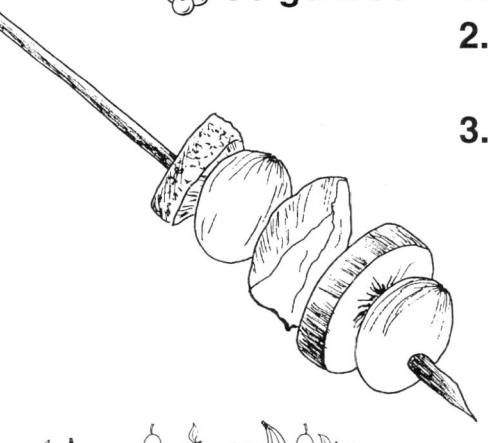

1. Wasche dein Obst zuerst gründlich.
2. Schneide die Früchte in mundgerechte Stücke.
3. Spieße abwechselnd Fruchtteile auf deine Schaschlikspieße.

Und nun lass es dir schmecken!

 Die **Obst** Werkstatt

© Verlag an der Ruhr ◯ Postfach 10 22 51 ◯ 45422 Mülheim an der Ruhr ◯ www.verlagruhr.de

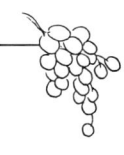

Fruchtsalat

 Du brauchst:

- Obstsorten deiner Wahl
- evtl. etwas Honig zum Süßen
- ein Brettchen
- ein kleines Messer
- eine größere Schüssel
- Salatbesteck oder einen großen Löffel
- evtl. Nüsse, etwas Sahne oder Jogurt

 So geht es:

1. Wasche dein Obst zuerst gründlich.

2. Schäle dein Obst, außer z.B. den Äpfeln und Birnen.

3. Schneide die Früchte in kleinere Stücke.

4. Gib alles in die Schüssel.

5. Du kannst deinen Fruchtsalat mit Honig abschmecken oder Nüsse (am besten kleingehackte Walnüsse) dazugeben.

6. Oder probiere ihn doch einfach mal mit etwas Sahne oder Jogurt.

Guten Appetit!

 Die **Obst** Werkstatt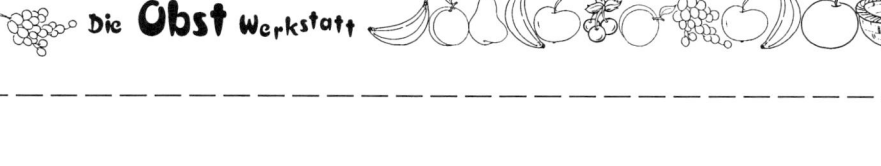

Schneebällchen

 Du brauchst:

- 2 große Bananen
- 250 g Haferflocken
- 150 Rosinen
- 100 g Kokosflocken
- eine Schüssel
- einen Teller
- eine Gabel

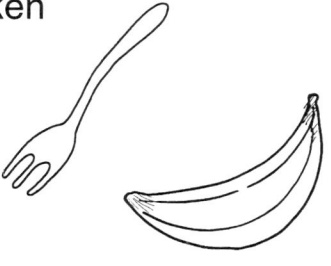

So geht es:

1. Schäle die Bananen und zerdrücke sie in der Schüssel zu einem Brei.

2. Füge dann die Haferflocken und Rosinen hinzu und verrühre das Ganze.

3. Forme aus der Masse kleine mundgerechte Bällchen.

4. Streue etwas Kokosflocken auf den Teller und wälze die fertigen Bällchen darin.

5. Wenn du die Schneebällchen nun im Kühlschrank kalt stellst, werden sie fester und schmecken besonders gut.

Guten Appetit!

 Die **Obst** Werkstatt

Obst-Krümeltorte

 **Du brauchst:**

- 500 – 750 g frisches Obst
  (am besten eignen sich Aprikosen, Kirschen,
  Pflaumen, Äpfel oder Pfirsiche)
- 500 g Mehl
- 1 Päckchen Backpulver
- 250 g Zucker
- 1 Prise Salz
- 1 Päckchen Vanillezucker
- 150 g Margarine
- 2 Eier
- eine Schüssel
- Messer und Brettchen
- eine gefettete Springform
- einen Backofen

 **So geht es:**

1. Vermenge das Mehl, Backpulver, Salz
   und den Zucker und Vanillezucker
   in der Schüssel miteinander.
2. Füge dann die weiche Margarine
   und die beiden Eier hinzu.
3. Verknete die Zutaten miteinander,
   bis eine grobe krümelige Masse entsteht.
4. Fülle die Hälfte des Teiges in die gefettete
   Springform und drücke den Teig leicht
   am Boden an.
5. Nun musst du das gewaschene Obst
   entsteinen, schälen und in kleine Stücke
   schneiden.
6. Fülle dann das Obst auf den Teigboden
   in die Springform.
7. Verteile abschließend die restlichen Streusel
   auf dem Obst.
8. Backe die fertige Obst-Torte bei 190 – 200°C
   für 35 – 40 Minuten im Ofen.

Guten Appetit!

© Verlag an der Ruhr ○ Postfach 10 22 51 ○ 45422 Mülheim an der Ruhr ○ www.verlagruhr.de

Obst-Planer

Wie du bestimmt schon weißt, ist Obst ganz schön gesund. Am besten ist, wenn du 1- bis 2-mal am Tag Obst isst. Der Obst-Planer hilft dir dabei, dass du an deine täglichen Obst-Mahlzeiten denkst. Trage in deinen Obst-Planer ein, wann du deine Obstspeise essen willst und welches Obst du dann zu dir nimmst. Jetzt musst du deinen Plan nur noch an einem gut sichtbaren Ort aufhängen und versuchen ihn einzuhalten. Viel Spaß dabei und guten Appetit!

Wochentag	Frühstück	Pause	Mittag	Nachmittag	Abend
Montag					
Dienstag					
Mittwoch					
Donnerstag					
Freitag					
Samstag					
Sonntag					

Die Obst Werkstatt

Gesunde Sprüche

🍒 Kannst du die richtigen Sprüche miteinander verbinden? Nimm unterschiedliche Farben zum verbinden.
Vielleicht fallen dir ja noch eigene Sprüche ein. Schreibe sie groß auf Blätter und hänge sie in eurer Klasse auf.

Einen Apfel jeden Tag	**bleibst du länger ganz gesund.**
Willst du gut dich konzentrieren,	**denn sie helfen beim Verdauen.**
Rote Erdbeeren sind gesund,	**musst du Bananen konsumieren.**
Äpfel musst du fleißig kauen,	**hat die Krankheit nichts zu lachen.**
Mit Vitaminen kunterbunt	**und dein Bauch freut sich arg.**
Wenn Vitamine in dir wachen,	**darum steck sie schnell in den Mund.**

 Die **Obst** Werkstatt

Gesundheits-Fächer

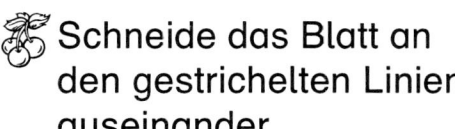Schneide das Blatt an den gestrichelten Linien auseinander.
Mache mit dem Locher ein Loch in die vorgezeichnete Stelle ◎ .

Hefte dort die Abschnitte mit einer Klammer zusammen.
Nun ist dein Gesundheits-Fächer fertig.
Lies ihn dir genau durch.

◎		Wie hilft es dem Körper?	Ist zum Beispiel in ...
◎	**Vitamin A**	gut für die Haut hilft beim Sehen	Aprikosen Bananen Ananas
◎	**Vitamin B**	hilft dir körperlich und geistig fit zu bleiben regt den Appetit an hilft beim Verdauen	Bananen Pflaumen Apfel Ananas
◎	**Vitamin C**	wehrt Krankheits-keime ab stärkt deine Gesundheit (dein Immunsystem)	Johannisbeeren Orangen Apfel Kiwi
◎	**Kalzium**	wichtig für die Knochen ist gut für deine Zähne	Himbeeren Orangen Apfel Ananas
◎	**Eisen**	gut für deine Knochen und deine Muskeln gibt dir neue Energie	Pfirsich Ananas Himbeeren Johannisbeeren

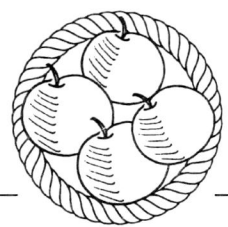

Ein Apfelmodell (1)

 Du brauchst: Bleistift, die Schablonen (S. 38),
rotes, weißes und braunes Papier,
Schere, Klebstoff, Tacker

 So geht es:

1. Nimm dir die Schablonen. Auf den Schablonen steht jeweils wie oft und in welcher Farbe du sie ausschneiden musst.

2. Lege die Schablonen auf das jeweilige Papier. Umfahre die Schablonen mit deinem Bleistift.

3. Schneide die aufgezeichneten Teile aus.

4. Knicke ein rotes Teil genau in der Mitte aufeinander.

5. Klebe es genau in die Mitte vom zweiten roten Teil (so wie du es hier auf der Zeichnung siehst).

6. Klebe nun den braunen Stiel und Blütenrest auf den Apfel (siehe Zeichnung).

7. Klebe nun das weiße Teil auf den roten Apfel auf (siehe Zeichnung).

8. Knicke die drei weißen tropfenförmigen Teile genau in der Mitte.

9. Klebe ein tropfenförmiges weißes Teil in der Mitte des Apfels auf.

10. Tacker die anderen beiden weißen Teile in die Mitte des Apfels.

11. Male Apfelkerne in das fertige Kerngehäuse.

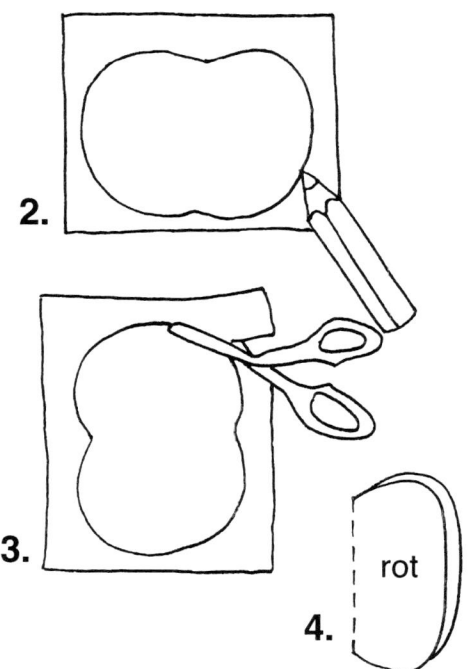

2.

3.

4. rot

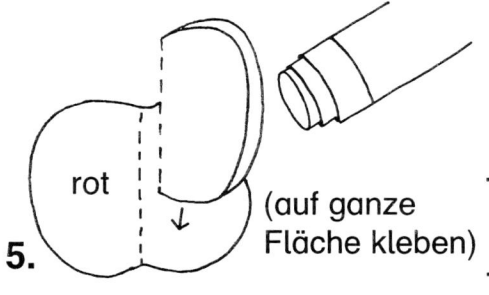

5. rot (auf ganze Fläche kleben)

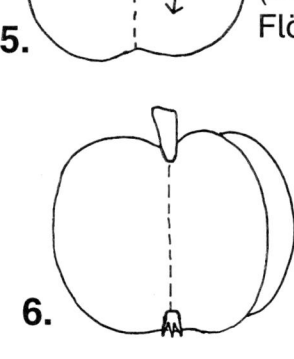

6.

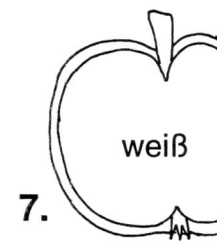

7. weiß

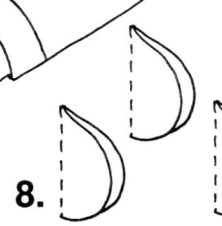

8.

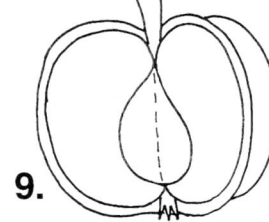

9.

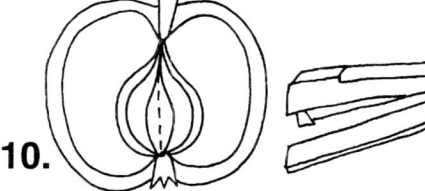

10.

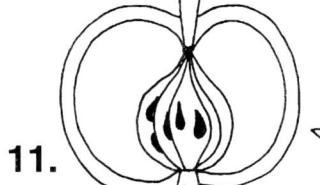

11.

© Verlag an der Ruhr ◯ Postfach 10 22 51 ◯ 45422 Mülheim an der Ruhr ◯ www.verlagruhr.de

Die **Obst** Werkstatt

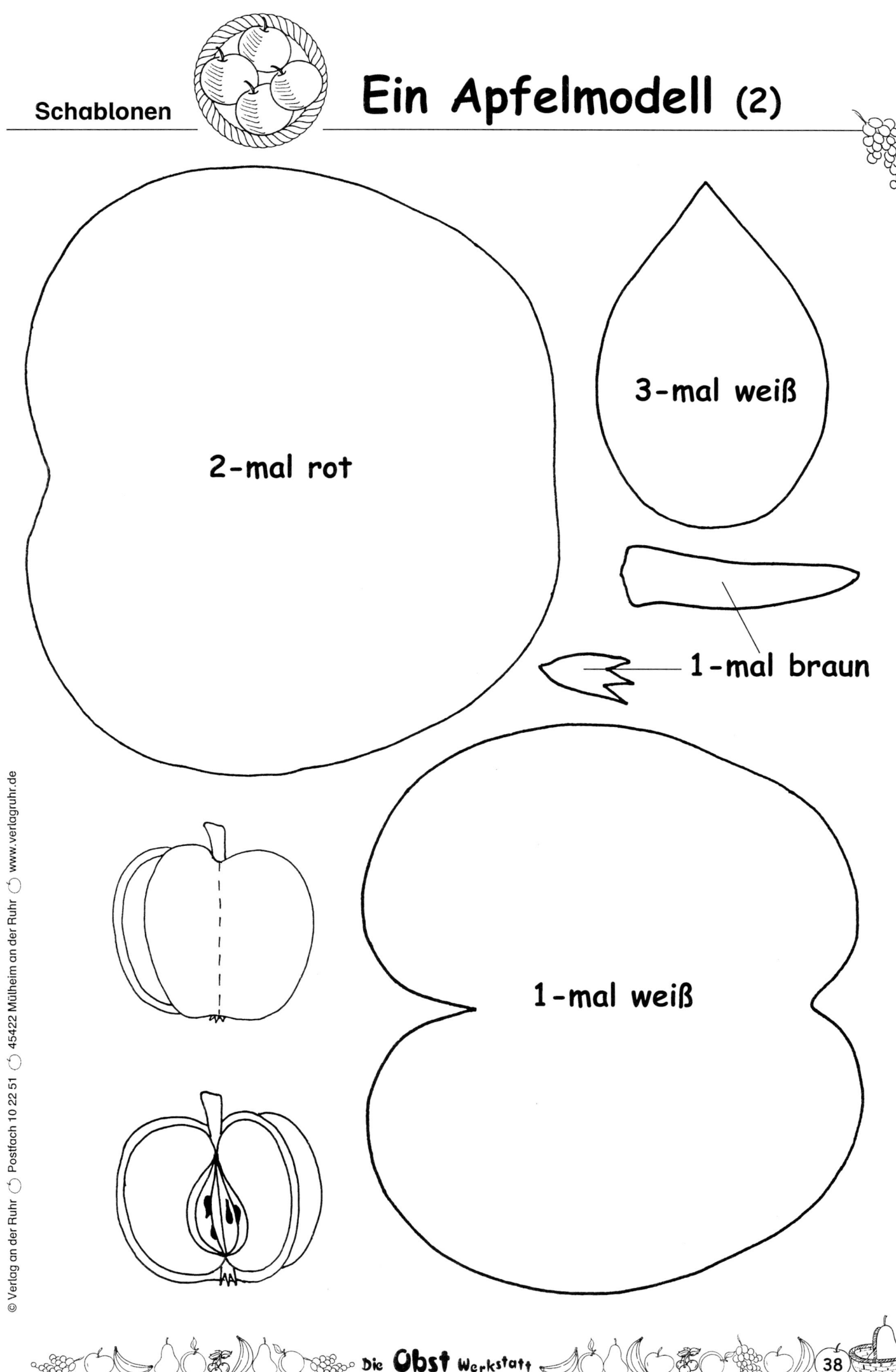

Ein Apfelmodell (2)

2-mal rot

3-mal weiß

1-mal braun

1-mal weiß

© Verlag an der Ruhr ◌ Postfach 10 22 51 ◌ 45422 Mülheim an der Ruhr ◌ www.verlagruhr.de

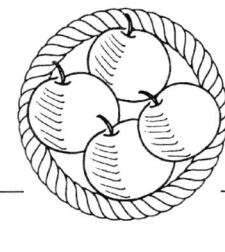

Vom Kern zum Apfel (1)

Schneide die einzelnen Puzzleteile des Apfels aus. Lege nun das Puzzle der Reihe nach (von 1–9) auf das Apfelbild (S. 40). Lies dabei genau den Text und schreibe ihn in der Reihenfolge auf, in der du ihn auf das Puzzle legst. Kannst du jetzt erzählen, wie sich der Kern zum Apfel entwickelt?

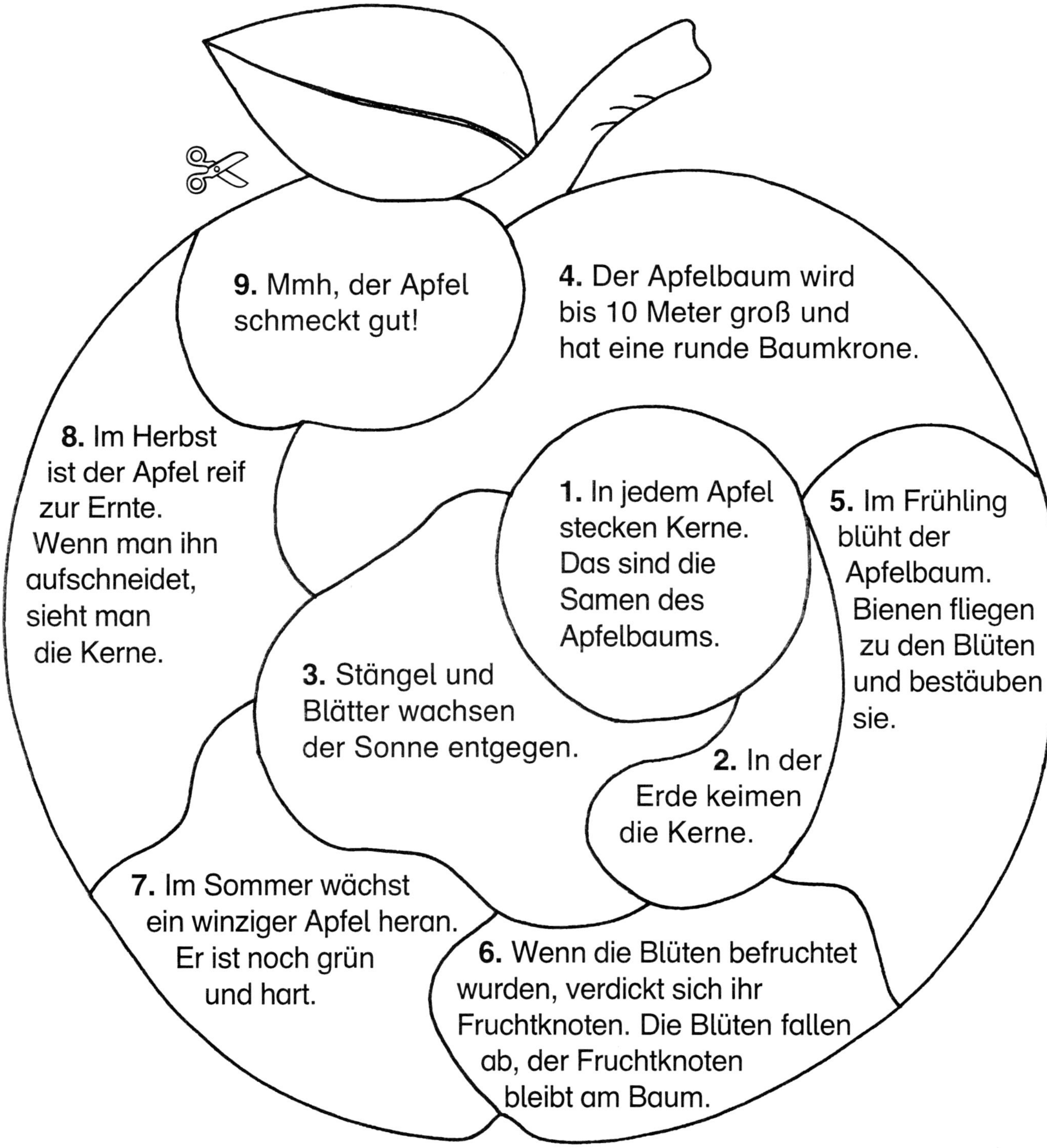

9. Mmh, der Apfel schmeckt gut!

4. Der Apfelbaum wird bis 10 Meter groß und hat eine runde Baumkrone.

8. Im Herbst ist der Apfel reif zur Ernte. Wenn man ihn aufschneidet, sieht man die Kerne.

1. In jedem Apfel stecken Kerne. Das sind die Samen des Apfelbaums.

5. Im Frühling blüht der Apfelbaum. Bienen fliegen zu den Blüten und bestäuben sie.

3. Stängel und Blätter wachsen der Sonne entgegen.

2. In der Erde keimen die Kerne.

7. Im Sommer wächst ein winziger Apfel heran. Er ist noch grün und hart.

6. Wenn die Blüten befruchtet wurden, verdickt sich ihr Fruchtknoten. Die Blüten fallen ab, der Fruchtknoten bleibt am Baum.

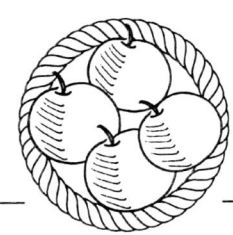

Das Apfellied (1)

 Erkennst du das Lied?
Lies den Text und male die Bilder bunt.

In meinem kleinen Apfel,
da sieht es niedlich aus.
Es sind darin fünf Stübchen,
grad wie in einem Haus.

In jedem Stübchen wohnen
zwei Kerne braun und klein.
Sie liegen drin und träumen
vom warmen Sonnenschein.

Sie träumen auch noch weiter
gar einen schönen Traum,
wie sie einst werden hängen
an einem schönen Baum.

(altes Kinderlied)

 Die **Obst** Werkstatt

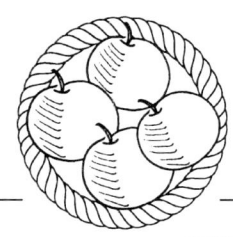

Das Apfellied (2)

In meinem
kleinen Apfel,
da sieht es
niedlich aus.

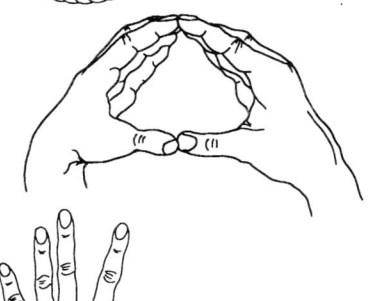

Sie liegen drin und
träumen vom warmen
Sonnenschein.

Es sind
darin fünf
Stübchen,
grad wie in
einem Haus.

Sie träumen auch noch
weiter gar einen
schönen Traum,

In jedem Stübchen
wohnen zwei Kerne
braun und klein.

wie sie einst werden
hängen an einem
schönen Baum.

(altes Kinderlied)

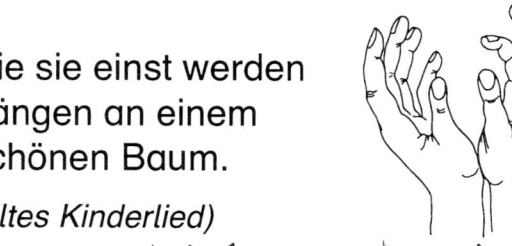

Die **Obst** Werkstatt

Das Apfellied (3)

Xylophon oder Glockenspiel:

```
| c e c e | d f d f | d f d f | c e c e |
| c e c e | d f d f | c e d f | c e c ₹ |
```

Die **Obst** Werkstatt

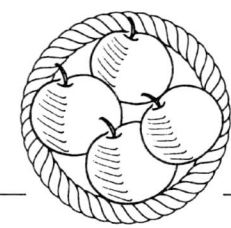

Apfelstübchen

© Verlag an der Ruhr ○ Postfach 10 22 51 ○ 45422 Mülheim an der Ruhr ○ www.verlagruhr.de

 **Du brauchst:**

- eine kleine, runde Käseschachtel
- Klebstoff und Schere
- verschiedenfarbige Tonpapierstreifen
- Pfeifenputzdraht
- Stoff- und Wollreste
- eine Wattekugel oder braune Knetmasse (für die Apfelkerne)
- braunes Seidenpapier

 So geht es:

1. Wie könnte es in einem Apfelstübchen aussehen?
2. Gestalte das Apfelstübchen nach deinen Vorstellungen!
3. Probiere aus, wie du die Kerne basteln kannst!
4. Deine Lehrerin kann dir bestimmt einen Tipp geben.

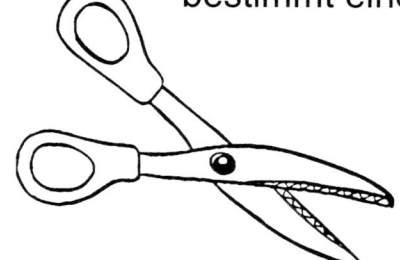

 Die **Obst** Werkstatt

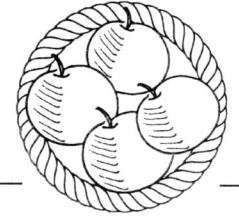

Apfelträume

© Verlag an der Ruhr ○ Postfach 10 22 51 ○ 45422 Mülheim an der Ruhr ○ www.verlagruhr.de

 Du brauchst:

- ein großes Blatt Papier
- Wachsmalstifte, Wassermalfarben oder Buntstifte

 So geht es:

1. Was träumen die Apfel-Kernchen in dem Apfellied?
2. Male die Träume auf!
3. Du kannst die Farben benutzen, mit denen du am liebsten malst.
4. Du kannst die Träume auch aufschreiben.

 Die **Obst** Werkstatt

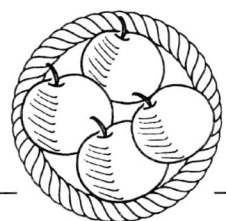

Apfelwörter

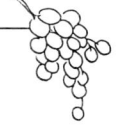

Hier haben sich ganz viele Apfelwörter
versteckt.
Findest du sie alle?
Schreibe sie auf.
Kennst du noch andere Apfelwörter?

_____   _____

_____   _____

_____   _____

_____   _____

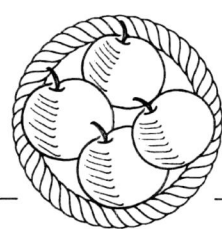

Komische Äpfel

🍒 Welche komischen Äpfel
verbergen sich hinter den Bildern?
Schreibe sie auf.

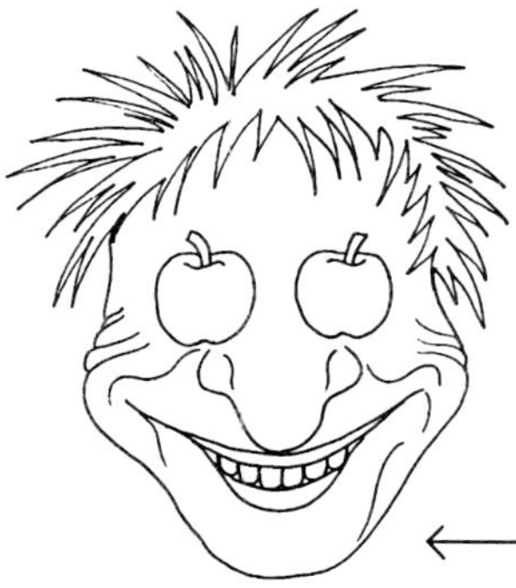

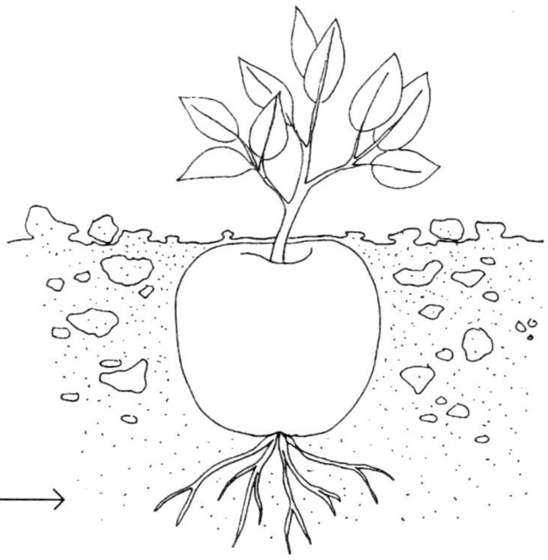

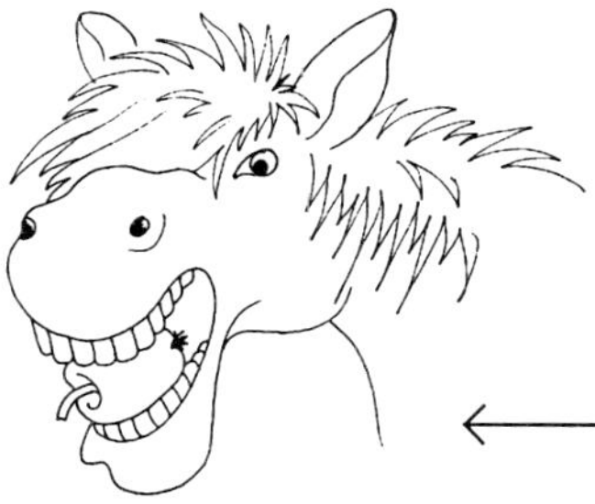

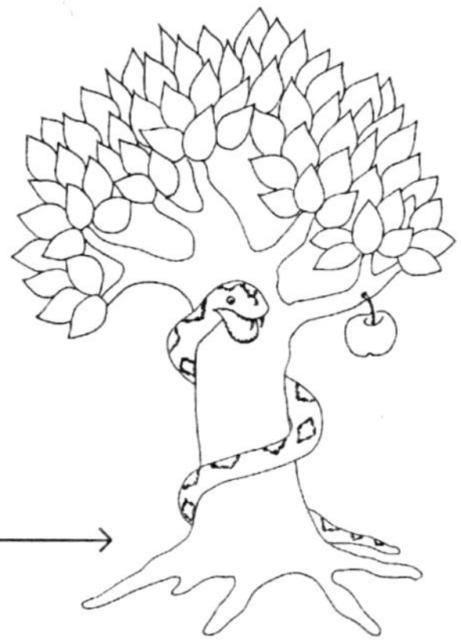

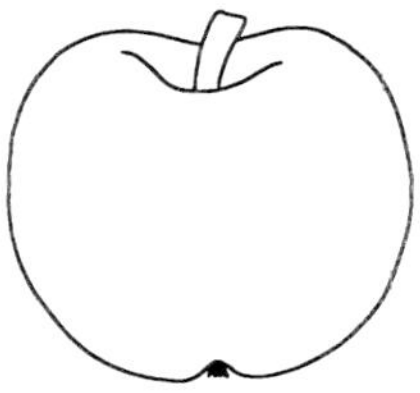

⟵ _____

_____ ⟶

⟵ _____

_____ ⟶

–sine

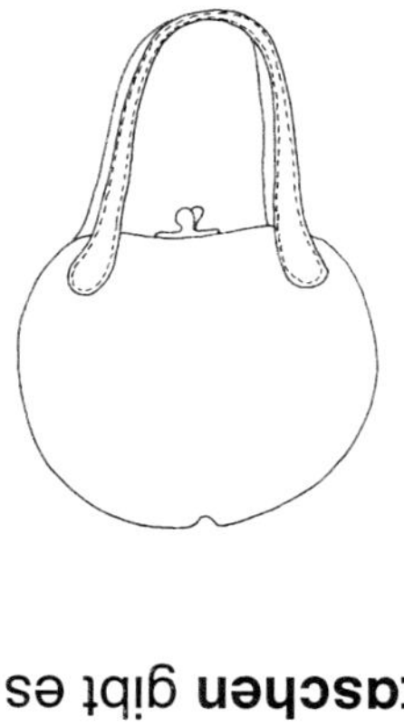

⟵ _____

_____ ⟶

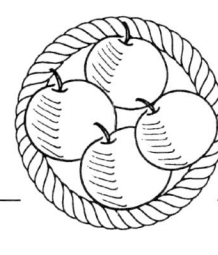

Apfel-Suchbild

Findest du alle Äpfel in dem Bild?
Male sie an.
Zähle sie. Hier sind _____ Äpfel versteckt.

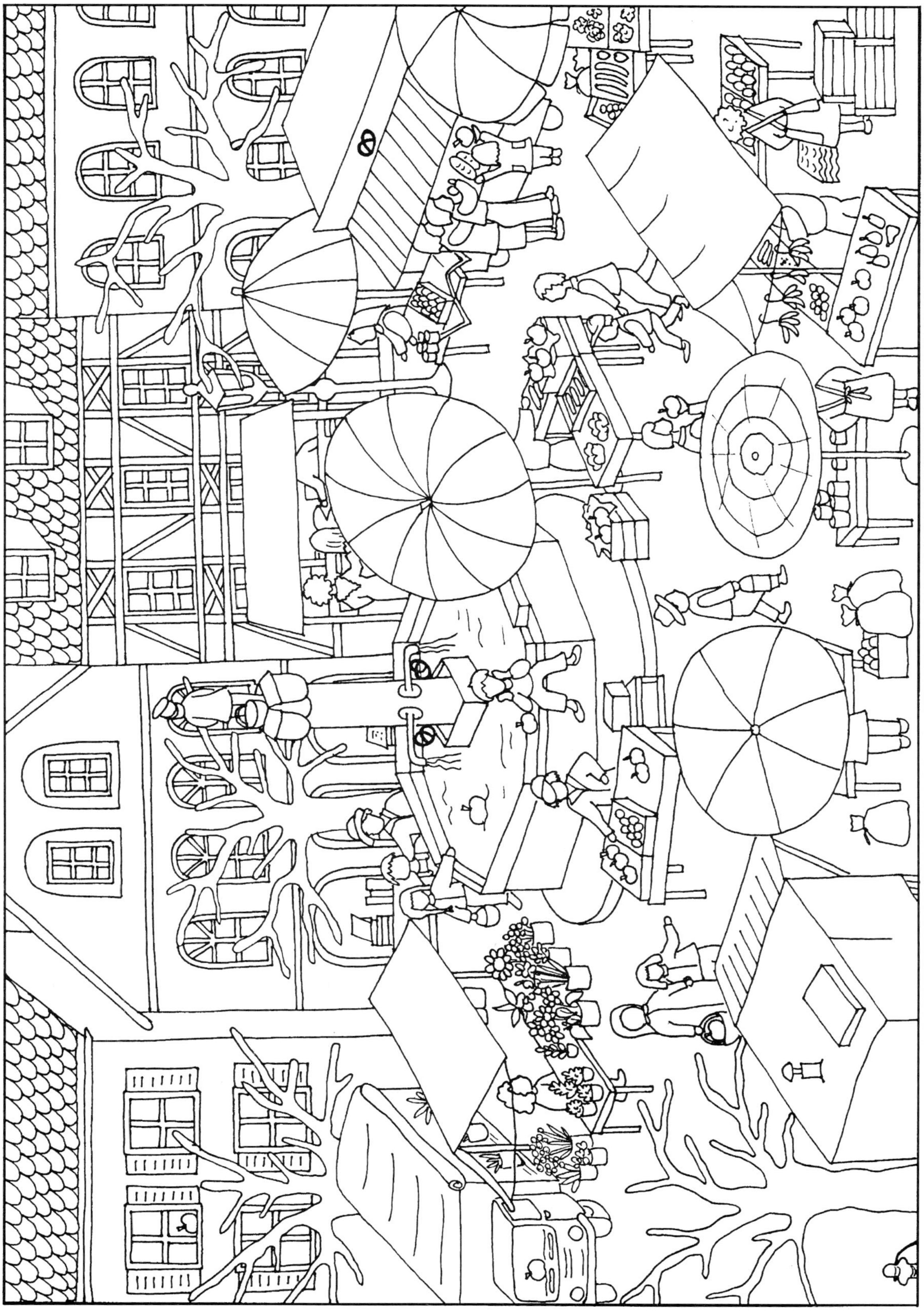

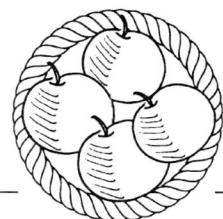

Apfel-Memory®

 Spielt das Memory® zu zweit oder zu mehreren.

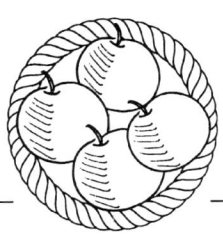

Ein ganzer Apfel (1)

Kannst du einen ganzen Apfel zusammensetzen?
Probiere aus! Schaffst du jetzt auch das zweite Arbeitsblatt?

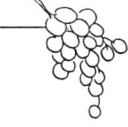

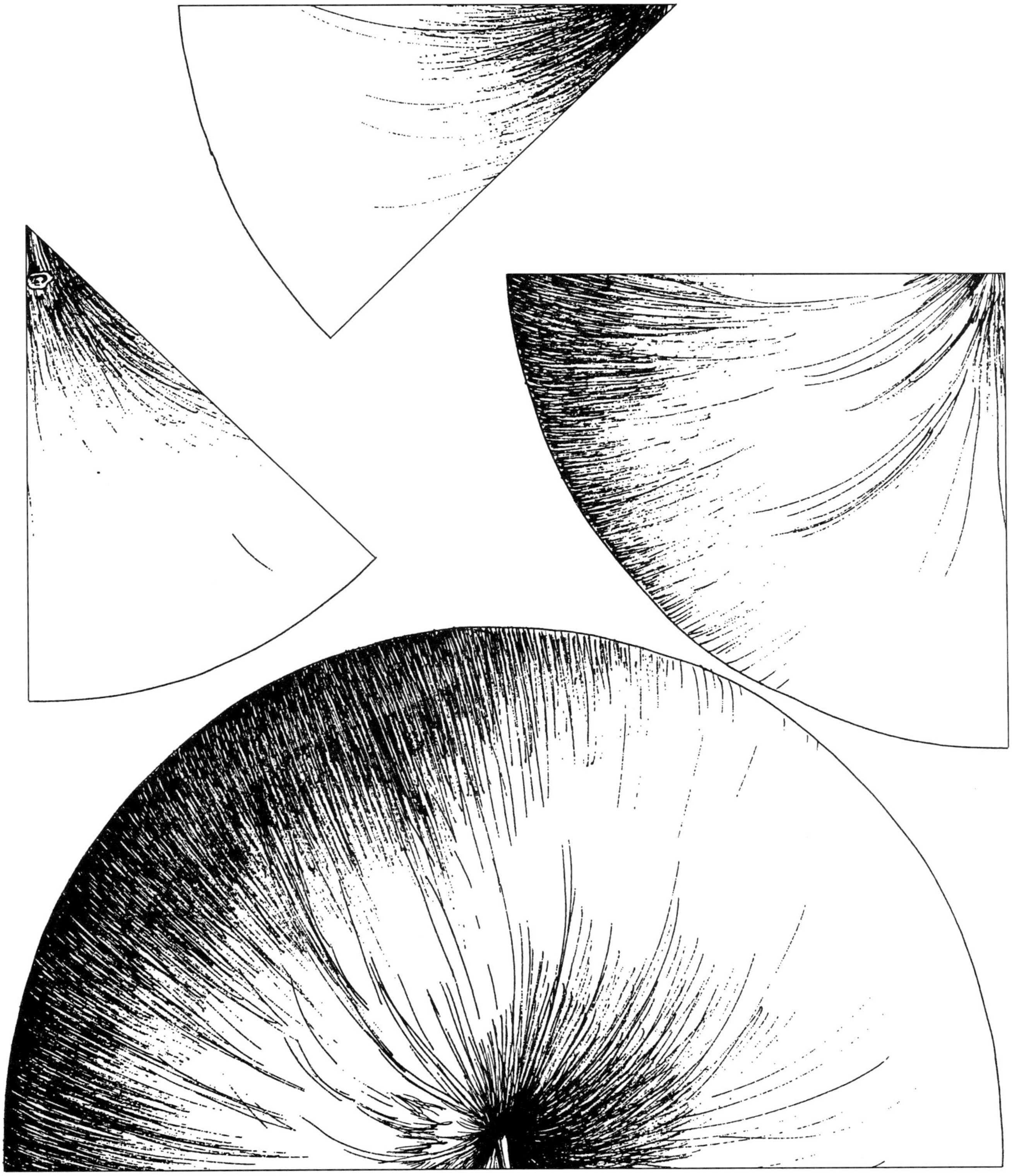

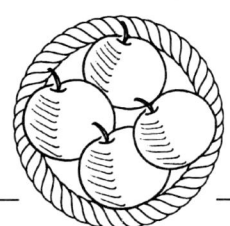

Ein ganzer Apfel (2)

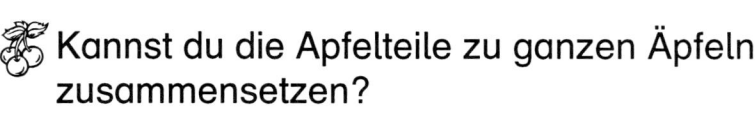

Kannst du die Apfelteile zu ganzen Äpfeln zusammensetzen?
Probiere aus. Umkreise die Apfelteile, die einen ganzen Apfel ergeben, mit der gleichen Farbe.

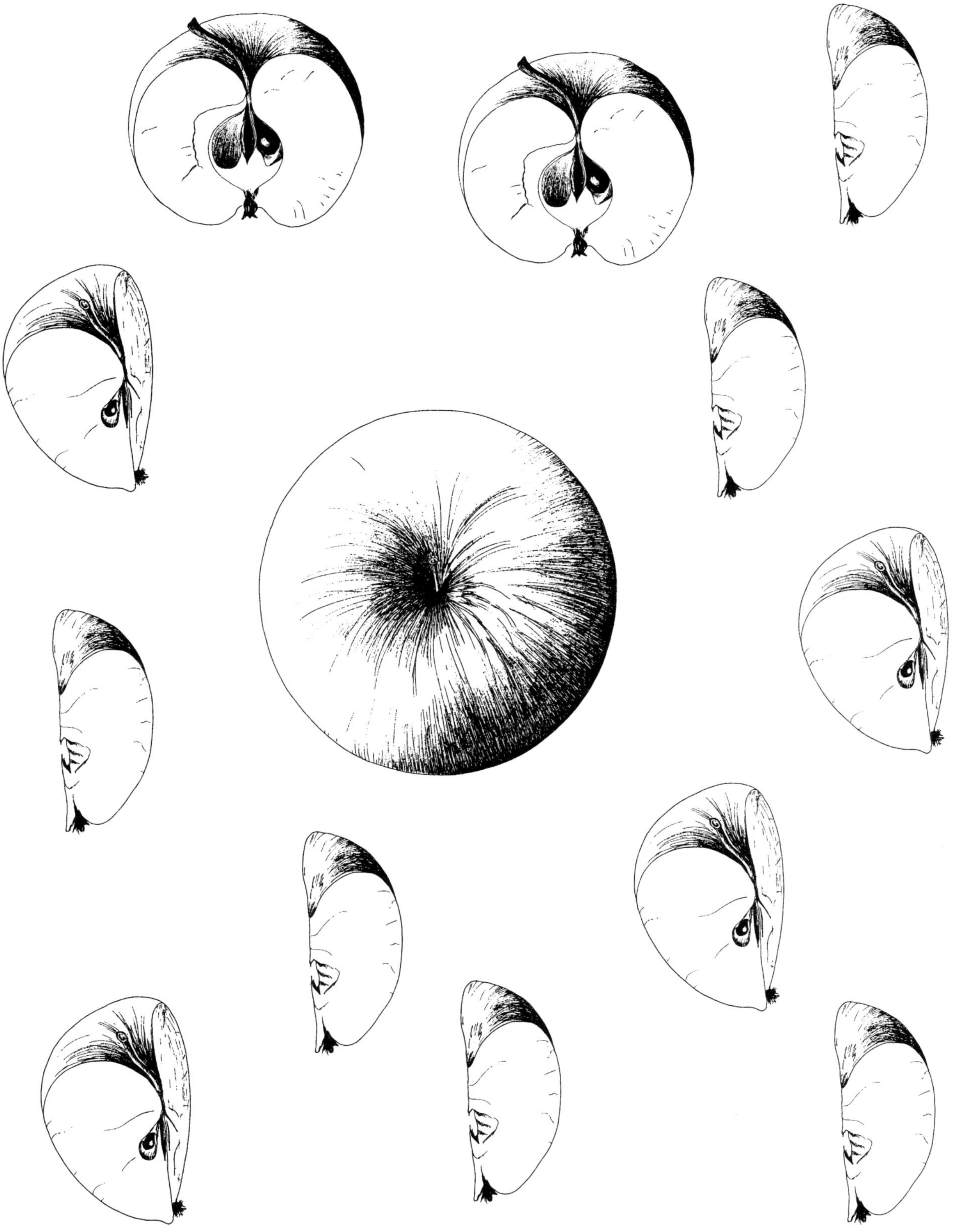

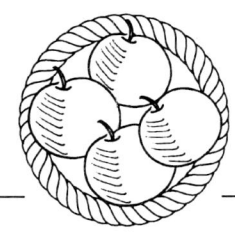

Richtig herum

Male alle Äpfel, die richtig stehen, an.
Fange oben an und arbeite Reihe für Reihe
durch. Findest du alle?
Wie viele Äpfel stehen richtig?

Es sind _____ Äpfel.

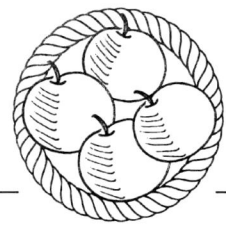

Apfel-Daumenkino

 Bastel dir ein Apfel-Daumenkino. Zerschneide dafür das Blatt an den gestrichelten Linien. Ordne dann die Bilder in der richtigen Reihenfolge (die Nummern helfen dir dabei). Hefte dann die Blätter am Rand mit einem Tacker zusammen.

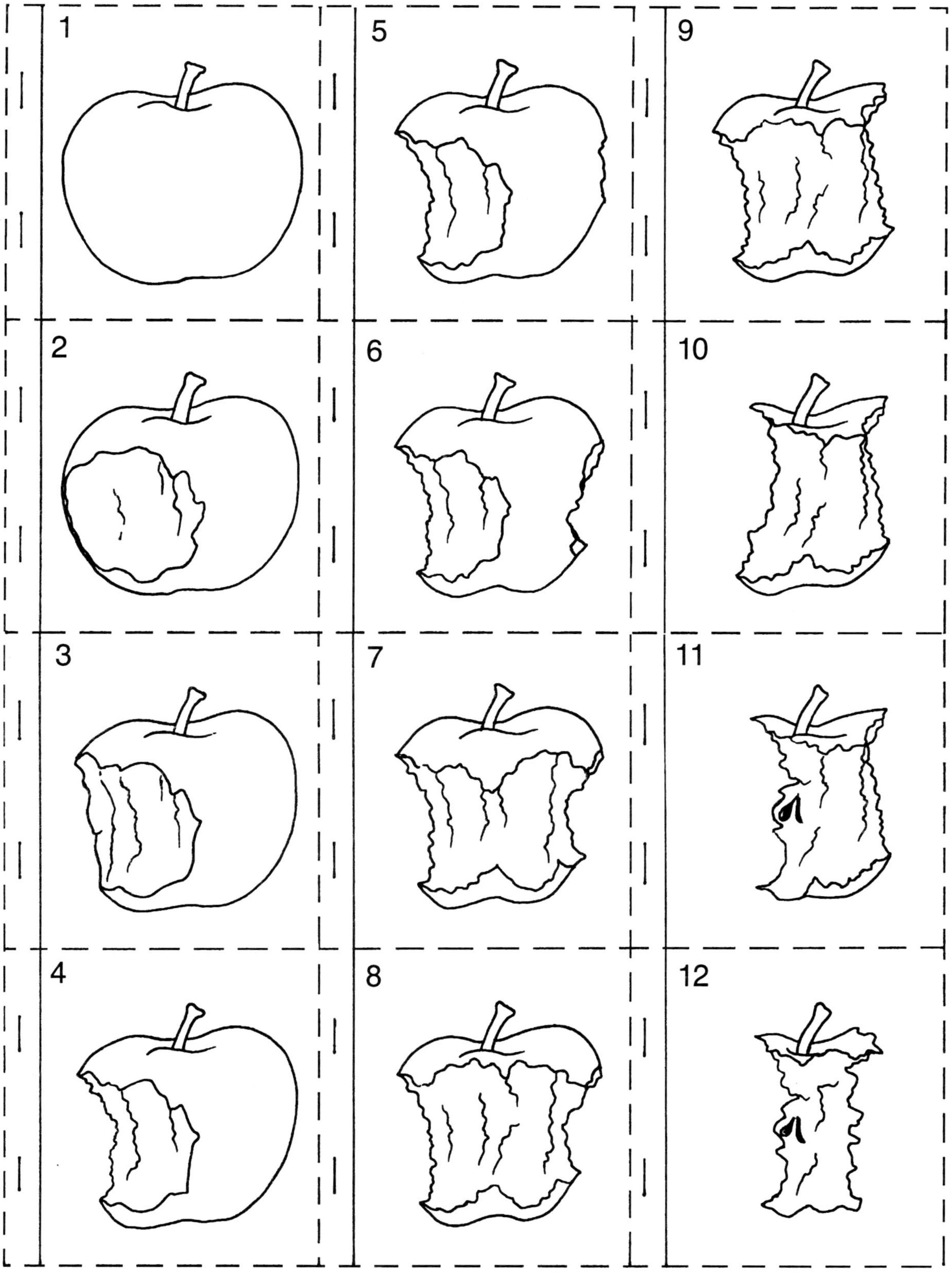

1	5	9
2	6	10
3	7	11
4	8	12

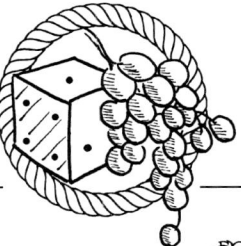

Obst-Mandala

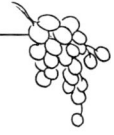

Male das Mandala schön an.
Lass dich nicht stören und
sei auch selbst ganz still dabei.

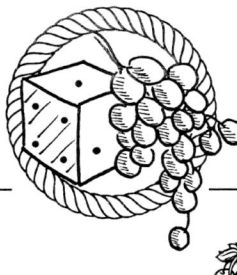

Durchsichtiges Obst

Schau genau!
Findest du alle Äpfel und Birnen?
Zähle sie. Es sind _____ Äpfel
und _____ Birnen.

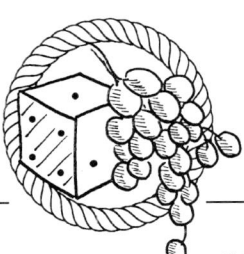

Bandwurm

Der Bandwurm frisst sich
durch alle Obstsorten.
Kannst du ihm den richtigen Weg zeigen?
Fange oben bei der Ananas an.
Verbinde die passenden Früchte miteinander.

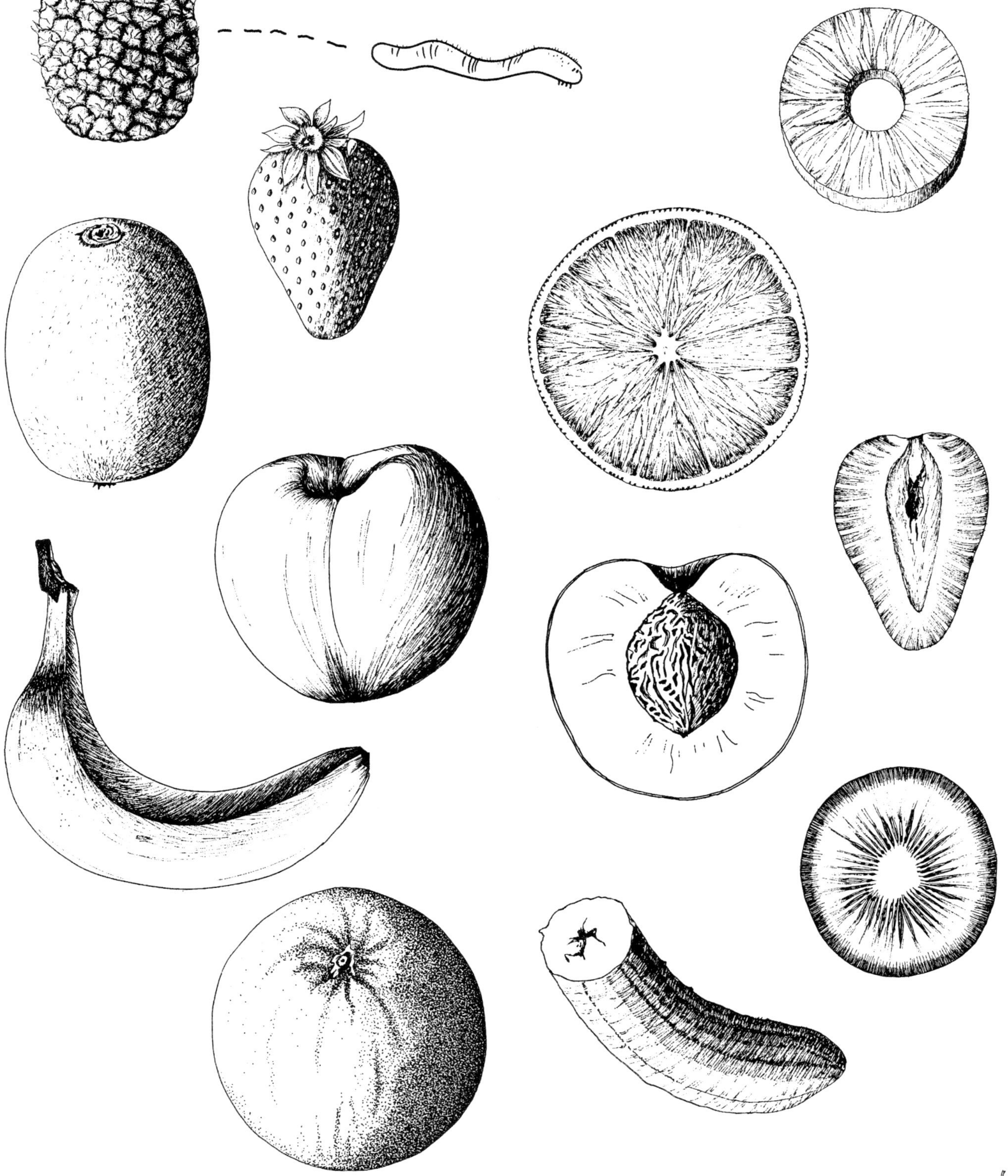

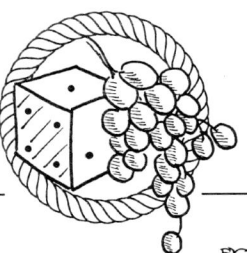

Obst-Kisten

Hier sind die Obst-Kisten durcheinander geraten. Kannst du sie richtig ordnen. Schneide die einzelnen Buchstaben aus und lege sie richtig zusammen. Welche Obstworte entstehen dann? Schreibe sie auf.

F A E P L

E E R E B E D R

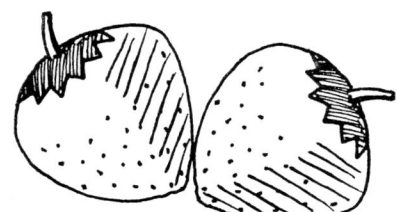

E B N I R

N A N B E A

E T W S E Z C G H

I S R P H F I C

I E B E H M E R

Kannst du aus den Buchstaben noch andere Obstworte legen? Wie viele findest du?

© Verlag an der Ruhr ○ Postfach 10 22 51 ○ 45422 Mülheim an der Ruhr ○ www.verlagruhr.de

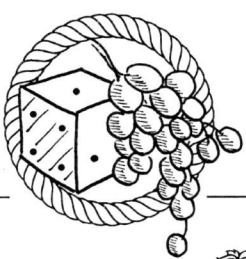

Obstworträtsel

Löse das Rätsel allein oder mit einem Partner.

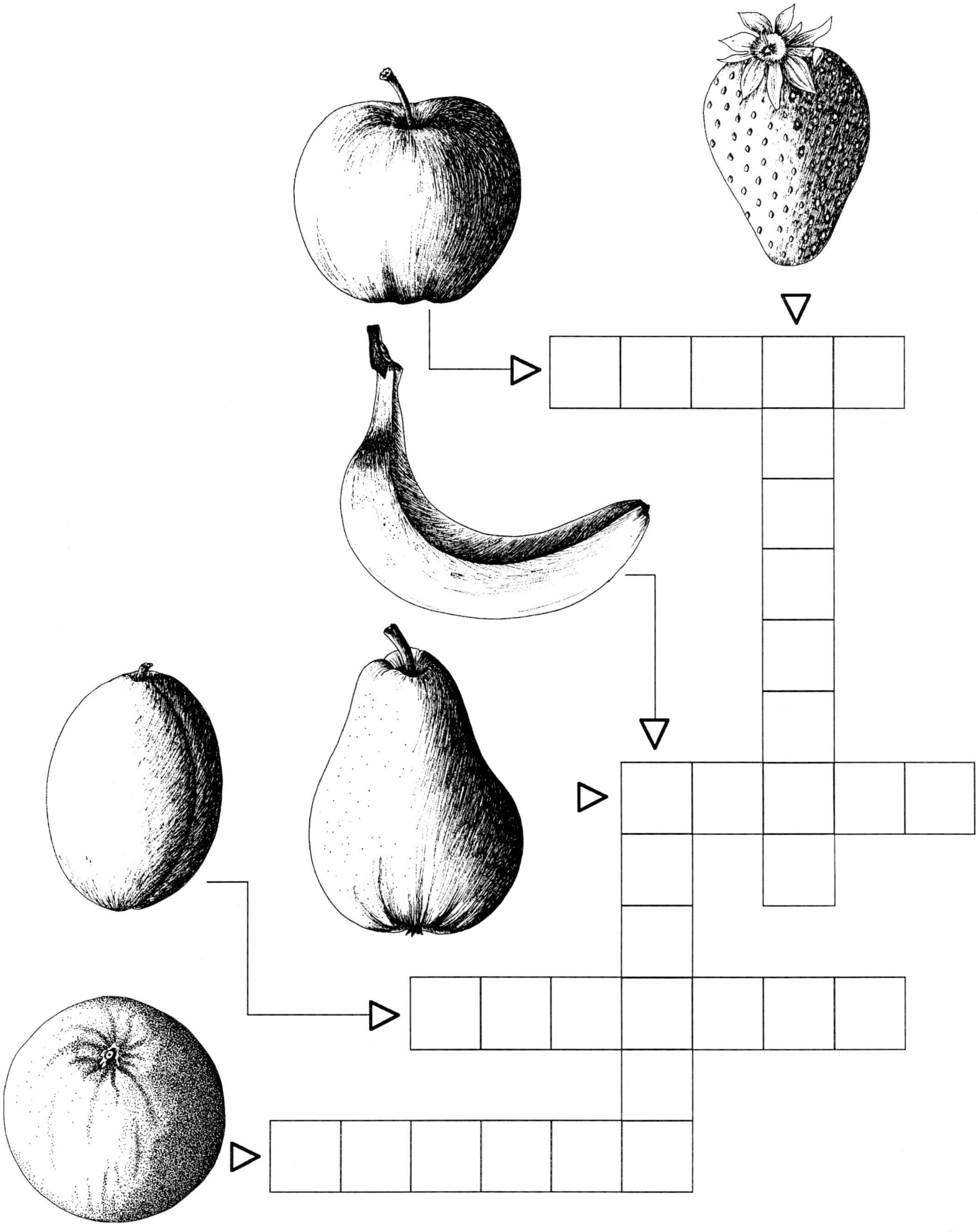

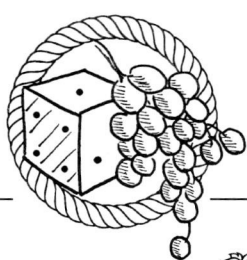

Obst-Comic

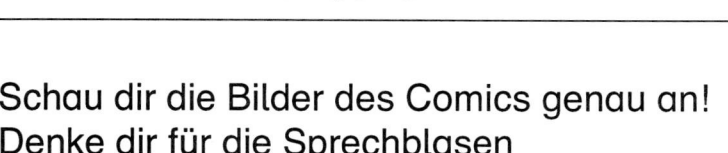

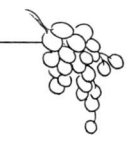

Schau dir die Bilder des Comics genau an!
Denke dir für die Sprechblasen
etwas Witziges aus.

Keine Idee? Hier ein paar Tipps: Obst macht gesund und munter ↻ Dick und rund ↻ Faul herumliegen ↻
Kein Obst gegessen ↻ Verdauung ↻ Flugkunststücke ↻
Fit und schlank ↻ Am Ende wachsen sogar noch Obstbäume ↻

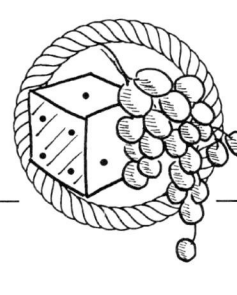

Obstkette

 **Du brauchst:**
- einen Faden (Zwirn oder Knopflochseide)
- eine Nadel mit kleinerem Öhr
- ein Holzbrettchen als Unterlage
- ganz viele Obstkerne (am besten eignen sich Kerne von Äpfeln und Birnen; Steine von Nektarinen u.Ä. sind zu hart)

 **So geht es:** (die Obstkette kannst du für deinen Hals oder für dein Handgelenk basteln)

1. Wasche zunächst die Kerne und lasse sie gut trocknen.
2. Schneide einen Faden ab, der locker um deinen Hals oder dein Handgelenk passt.
3. Fädle den Faden dann in deine Nadel.
4. Lege einen Kern auf das Brettchen und stich ihn mit der Nadel durch. Passe dabei auf, dass du dich nicht stichst.
5. Fädle so mehrere Kerne auf, bis deine Kette fertig ist.
6. Nun kannst du dir deine Obstkette umhängen.

© Verlag an der Ruhr ○ Postfach 10 22 51 ○ 45422 Mülheim an der Ruhr ○ www.verlagruhr.de

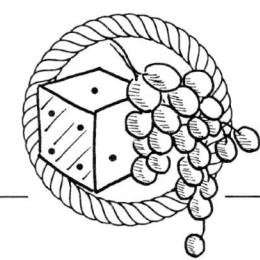

Evita Mina

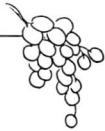

Ein berühmter italienischer Künstler namens **Giuseppe Arcimboldo** malte vor über 400 Jahren fantasievolle Gesichter. Das Besondere an diesen Gesichtern war, dass er einige von ihnen aus Obst zusammensetzte. Du kannst es Arcimboldo nachmachen und dich selber als Obst-Künstler betätigen.

 **Dazu brauchst du:**
- viele Bilder verschiedenster Obstsorten (z.B. selbst gemalte Bilder oder Bilder aus Prospekten, Reklameblättern u. Ä.)
- einen Bleistift
- Schere und Klebstoff
- ein großes Blatt Papier

 **So geht es:**
1. Überlege dir zuerst, ob du ein Gesicht oder eine ganze Figur aus den Obstbildern herstellen möchtest.
2. Zeichne mit deinem Bleistift auf dem Papier die Umrisse des Gesichts oder der Figur vor. Zeichne auch schon einmal ein, wo zum Beispiel die Nase, Augen, Ohren usw. hingehören.
3. Schneide nun die Obstbilder zurecht und lege sie schon einmal probeweise auf dein Blatt Papier. Achte dabei darauf, welche Obstsorten sich besonders für die einzelnen Körperteile eignen (zum Beispiel eine Birne für die knubbelige Nase, Äpfel für die dicken Wangen usw.).
4. Wenn du zufrieden mit deinem Bild bist, kannst du die einzelnen Obstteile aufkleben.

© Verlag an der Ruhr ○ Postfach 10 22 51 ○ 45422 Mülheim an der Ruhr ○ www.verlagruhr.de

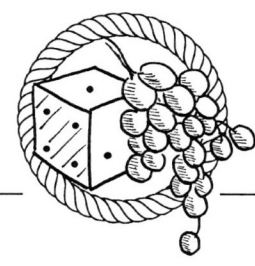

Ein Frühstücks-Set

 Du brauchst:

- einen Bogen transparentes Papier (am besten Archtitekten-Papier)
- die Apfel-Schablone (groß kopiert)
- einen Bleistift
- eine Schere
- Wachsmalstifte (mit Bienenwachs)
- ein Bügeleisen (wenn es geht, ein altes)
- ein Bügelbrett
- Zeitungspapier

 So geht es:

1. Nimm den Bogen Architekten-Papier und lege die Apfel-Schablone darauf. Umfahre die Schablone mit einem Bleistift. Du kannst die Umrisse vom Apfel natürlich auch selber zeichnen.
2. Male ihn dick mit den Wachsmalstiften aus. Am schönsten wird dein Apfel, wenn du ihn in ganz bunten Farben bemalst. Nimm also nicht nur die Farbe rot, sondern auch noch andere Farben wie gelb, orange oder grün.
3. Schneide den aufgezeichneten Apfel aus.
4. Nun musst du deinen Apfel in der Hälfte falten. Dabei muss die bemalte Fläche nach innen zeigen.
5. Lege das Bild zwischen einige Lagen Zeitungspapier.
6. Nun muss das Bild mit dem Bügeleisen gebügelt werden. Dabei schmilzt dann der Wachs und die Farben verlaufen ineinander.
7. Ziehe direkt nach dem Bügeln das Bild auseinander. Jetzt müsste sich ein schönes Muster ergeben.
8. Verziere deinen Apfel noch mit einem Stiel und Blättern.
9. Lasse dir deinen fertigen Apfel laminieren, d.h. in Folie einschweißen.
10. Fertig ist dein Frühstücks-Set.

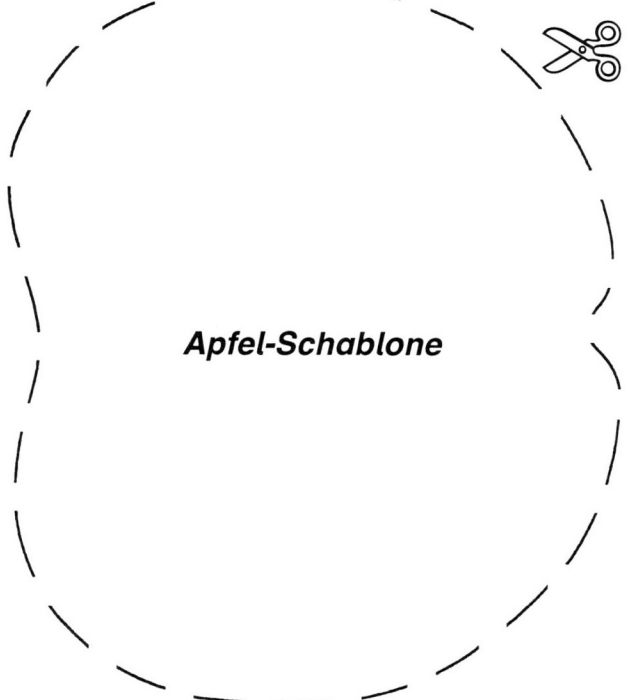

Apfel-Schablone

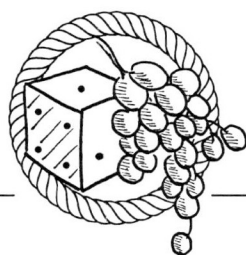

Obst-Lexikon

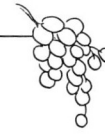

 **Du brauchst:**
- die Apfel- oder Birnen-Schablone
- ein großes Blatt Papier
- einen Bleistift
- eine Schere
- Buntstifte
- ein Lineal
- einen Tacker

 So geht es:

1. Entscheide dich für das Apfel- oder Birnenlexikon.
2. Nimm dir dann eine der beiden Schablonen (Apfel oder Birne). Lege sie mehrmals auf das große Blatt Papier und umfahre sie mit dem Bleistift.
3. Schneide dann die aufgezeichneten Formen aus.
4. Nimm eines der Blätter und male es als Titelbild bunt an. Schreibe darauf, über welche Frucht du in deinem Obst-Lexikon berichtest.
5. Lege nun die einzelnen Blätter genau aufeinander. Das Titelbild kommt ganz nach oben.
6. Jetzt müssen die Blätter noch am Rand (dort wo die beiden Striche auf der Schablone sind) zusammengetackert werden.
7. Dein Obst-Lexikon ist bereit: nun kannst du alles hineinschreiben und -malen, was du mittlerweile über das Obst weißt.

Apfel-Schablone

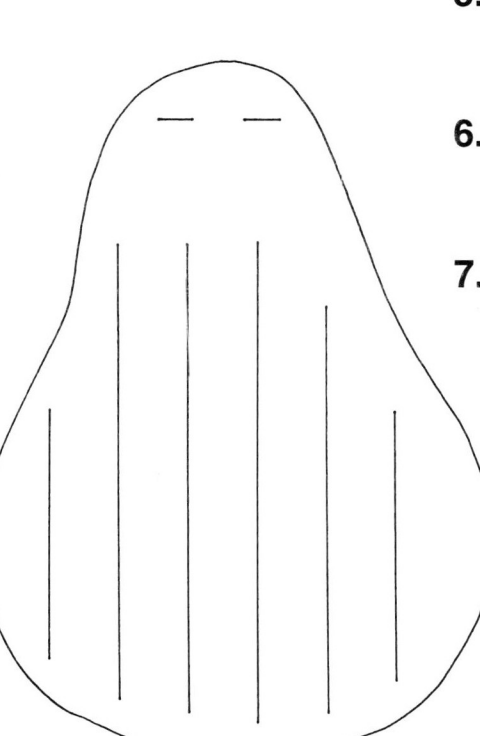

Birnen-Schablone

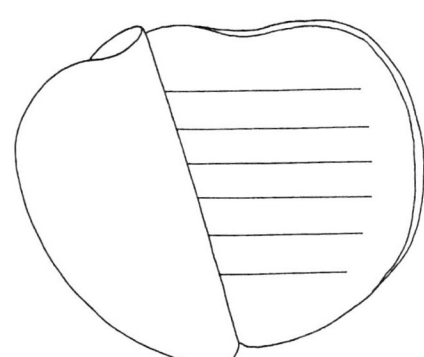

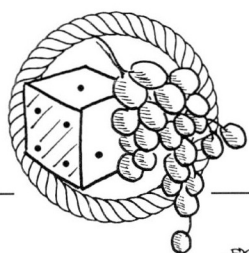

Obst-Spiel (1)

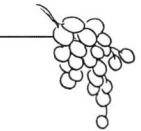

 Spiele das Spiel mit deinen Mitschülern!

Spielanweisung (für 2 bis 4 Spieler)

 **Du brauchst:**
- den Spielplan
- 4 Spielmännchen in den entsprechenden Farben
- einen Spiel-Würfel
- ein Kästchen mit 48 roten Plättchen
- die 20 Kärtchen

Und so wird gespielt:

1. Jedes Kind bekommt zunächst 6 Plättchen.
2. Die restlichen Plättchen bleiben im Kästchen. Das Kästchen stellt ihr am besten neben den Spielplan.
3. Legt dann die Spielkärtchen verdeckt auf das dafür vorgesehene Feld auf dem Spielplan.
4. Stellt eure Spielmännchen auf die dafür vorgesehenen Start-Felder.
5. Würfelt abwechselnd und zieht die gewürfelte Augenzahl vorwärts. Ihr könnt auf allen Wegen ziehen, auch rückwärts.
6. Nutzt geschickt die gekennzeichneten Felder:
   a) Kommt ihr zum Beispiel auf ein **Karten-Feld**: ▭, nehmt ihr eins der Spielkärtchen. Lest die Karte und befolgt oder beantwortet sie. Wenn ihr die Aufgabe richtig gelöst habt, dürft ihr noch einmal würfeln.
   b) Kommt ihr auf ein **Apfel-Feld**: 🍎, dürft ihr euch ein rotes Plättchen aus dem Kästchen nehmen.
   c) Kommt ihr auf ein **Lolli-Feld**: 🍭, müsst ihr eins eurer roten Plättchen in das Kästchen abgeben.
7. Ihr könnt aufhören, wann immer ihr wollt.
8. Gewonnen hat der Spieler, der die meisten roten Plättchen besitzt.

© Verlag an der Ruhr ○ Postfach 10 22 51 ○ 45422 Mülheim an der Ruhr ○ www.verlagruhr.de

Die **Obst** Werkstatt

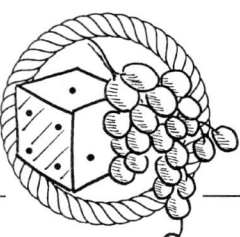

Obst-Spiel (2)

Hole dir von einem Mitspieler ein rotes Plättchen!	Gib einem Mitspieler ein rotes Plättchen!	Du bekommst ein rotes Plättchen.	Du bekommst ein rotes Plättchen.
Nenne dein Lieblingsobst!	Du darfst noch einmal würfeln.	Nenne 2 Südfrüchte!	Nenne eine Kernfrucht!
Nenne eine Steinfrucht!	Nenne 2 Vitamine im Obst!	Beschreibe eine Banane!	Beschreibe eine Kirsche!
Beschreibe einen Apfel!	Beschreibe eine Erdbeere!	Beschreibe Weintrauben!	Du musst leider einmal aussetzen!
Wann hast du das letzte Mal einen Apfel gegessen?	Hast du heute Obst mit in der Schule?	Zähle so viel Früchte auf, wie du kannst!	Nenne deine Lieblings- marmelade!

© Verlag an der Ruhr ○ Postfach 10 22 51 ○ 45422 Mülheim an der Ruhr ○ www.verlagruhr.de

 Die **Obst** Werkstatt

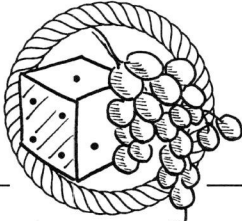

Obst-Spiel (3)

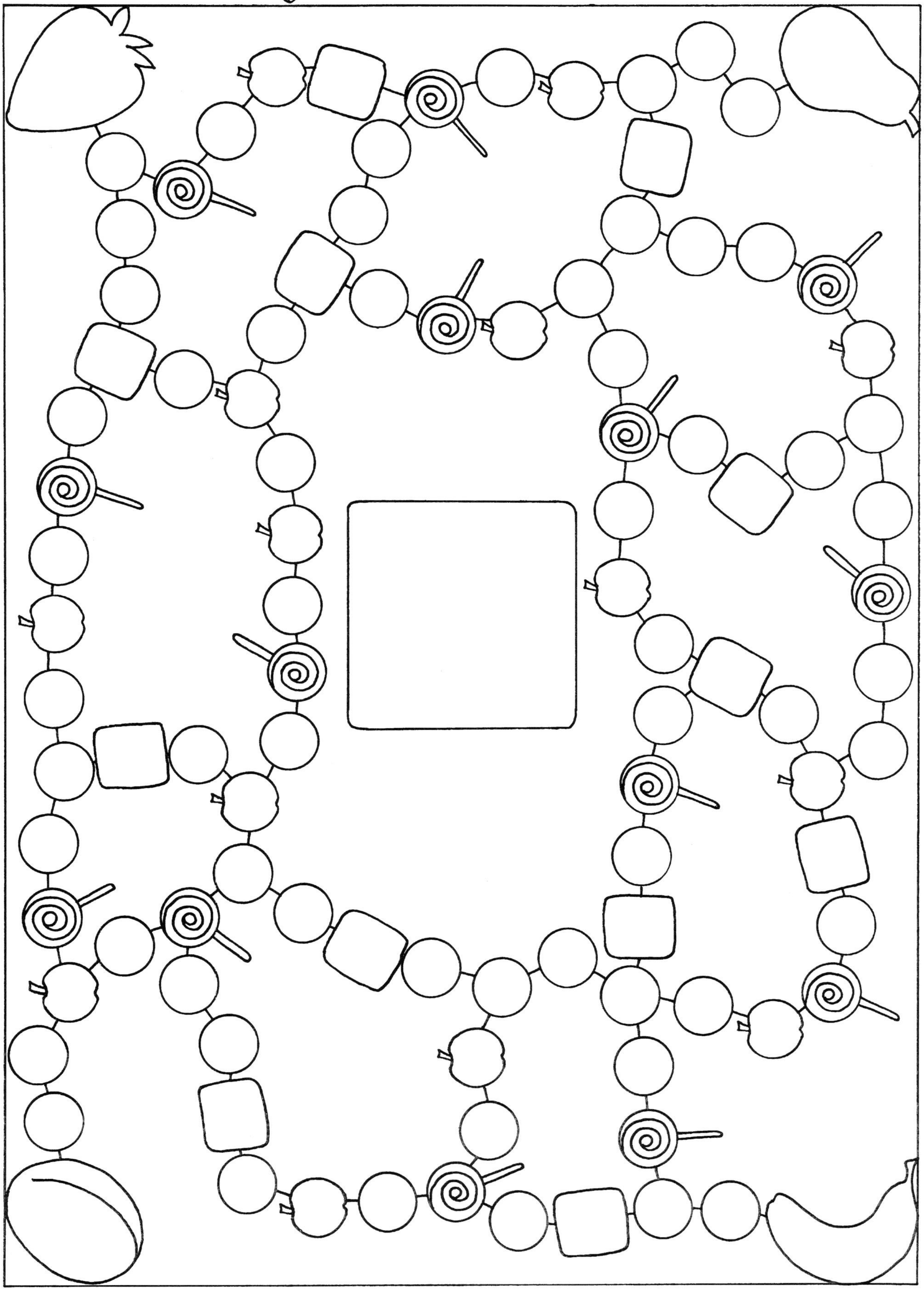

Die Obst Werkstatt

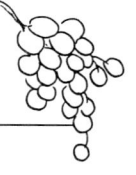

Literatur

Rund ums Thema Obst

Anderson, Lena; Frank, Karlhans: **Majas kleiner Garten.** Eine liebevoll illustrierte Geschichte über Maja und ihre Erlebnisse in ihrem bunten Garten. 1988. *ISBN 3-570-07919-8.*

Björk, Christina; Anderson, Lena: **Linnea und die schnellste Bohne der Stadt.** Linnea mag alles, was keimt und grünt – und dabei erfährt sie und mit ihr die Kinder alles Wissenswerte rund ums Anpflanzen von Kernen, Samen und Früchten. 1980. *ISBN 3-570-05634-1.*

Bourgoing, Pascale de: **Der Apfel und andere Früchte.** Reihe: Meyers kleine Kinderbibliothek. Bd. 12. Alles Wissenswerte rund um Apfel und Co. Mit zahlreichen bunten Bildern und Transparentfolien. *ISBN 3-411-08541-X.*

Heuck, Sigrid: **Pony, Bär und Apfelbaum.** Ein Bilderbuch im Mini-Format. 1999. *ISBN 3-522-43316-5.*

Janosch: **Das Apfelmännchen.** Wunderschönes Bilderbuch über das Apfelmännchen und seine Abenteuer. 1991. *ISBN 3-314-00049-9.*

Lobe, Mira; Kaufmann, Angelika: **Der Apfelbaum.** Ein Apfel-Bilderbuch. 1980. *ISBN 3-480-20031-1.*

Naber, Annerose; Latorre, Sabine: **Apfel.** Reihe: Das kreative Sachbuch. Mit zahlreichen farbigen Abbildungen. 1998. *ISBN 3-891135-071-6.*

Thomas, Ulrich; Reich, Mathilde: **Das Apfelmäuschen.** Liebevoll illustriertes Bilderbuch mit der Geschichte vom Apfelmäuschen. *ISBN 3-276-01901-9.*

Obst im Internet

www.emil-gruenbaer.de
Hier finden die Kinder unter der Rubrik „Umwelt-Lexikon" alles Wissenswerte rund ums Thema Ernährung, Pflanzen usw. und im Speziellen zum Obst.

www.beikost.de/obst.shtml
Kurze Erklärungen zu allem Wissenswerten rund ums Obst.

  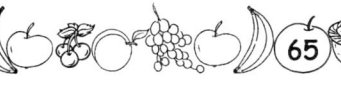

CHECKY ... Die Lernkontrollhilfe

○ So geht's

... ist anders als andere Lernkontrollhilfen:

Vorgegebene Lösungen sind nicht nur über starre Symbolzuordnungen kontrollierbar. Checky ermöglicht die Eingabe ganzer (kurzer) Lösungswörter bzw. sinnvoller und konkreter Kontrollangebote. Die Kontrollscheibe besteht aus einem Teil. Nichts muss zusammengesetzt werden, nichts kann verloren gehen, nichts muss nachgekauft werden.

Das ist Checky.
Er begleitet die Kinder durch die Themenhefte, gibt Tipps, Hilfen und Anregungen.

... macht es den Kindern leicht:

Eine Aufgabe aus dem Arbeitsheft bearbeiten und sich gleich mit der Checky-Kontrollscheibe die Richtigkeit bestätigen lassen. Jede Lösung kann sofort kontrolliert werden, ohne den Zwang einer vorgegebenen Reihenfolge.
Die Checky-Arbeitshefte fördern freies Arbeiten: Checky-Übungshefte zum Festigen und Wiederholen und Checky-Themenhefte für fächerübergreifendes Erarbeiten und Üben. Checky lädt die Kinder zum Arbeiten ein, gibt ihnen Tipps, Anregungen und Lösungshilfen.

- *Sofortige Lösungskontrolle einzelner Aufgaben*
- *Einfache Handhabung*
- *Keine losen Teile*
- *Preiswert!*

Mit dieser Lernhilfe können Kinder nur gewinnen!

1 Aufgabenstellung lesen

Zu Beginn ist es wichtig, sich die Aufgabe genau durchzulesen. Hier erklärt Checky, worum es geht und was gemacht werden muss.
Beispiel:
Welches Rechenzeichen fehlt?

3 Lösung finden und Buchstabencode wählen

Checky stellt immer mehrere Lösungsmöglichkeiten zur Auswahl bereit. Aber nur eine ist richtig. Nachdem man sich für die richtige Lösung entschieden hat, wird der dazugehörige Buchstabencode gewählt.

Beispiel: + PG – MG

In diesem Falle also MG .

Welches Rechenzeichen fehlt?

11

			+	–
1	4 **?** 4 = 8		PL	MI
2	7 **?** 3 = 10		PK	MH
3	10 **?** 3 = 7		PF	MM
4	11 **?** 0 = 11		PI	ML
5	14 **?** 7 = 7		PO	MK
6	0 **?** 0 = 0		PG	MJ
7	20 **?** 10 = 10		PL	MI
8	14 **?** 2 = 16		PE	ME
9	14 **?** 3 = 11		PG	MG

		+	–
10	14 **?** 6 = 20	PC	MO
11	14 **?** 1 = 13	PE	ME
12	14 **?** 1 = 15	PA	MA

CHECKY ✪ Rechentricks

CHECKY
So geht's

Wähle die Zahl 2

die richtigen ben GT

FALSCH

2 Nummer der Aufgabe wählen und Aufgabe durchlesen

Man kann die Aufgaben in beliebiger Reihenfolge bearbeiten. Deswegen muss man Checky zuerst sagen, mit welcher Aufgabennummer man beginnen möchte. Ist es zum Beispiel die Aufgabe 9, so wählt man zunächst die Ziffer 9 auf der Checky-Wählscheibe und liest sich die entsprechende Aufgabe durch.
Beispiel: 9   14 **?** 3 = 11

4 Kontrolle

Ob die Aufgabe richtig gelöst wurde, sieht man Checky sofort an.
Wurde richtig gelöst, erscheint nach der Eingabe des kompletten Codes der lustige Checky in der Mitte der Wählscheibe.
Ist Checky nicht vollständig – fehlen Teile seiner Ohren und Nase oder sind dort nur weiße Flächen – dann war die Antwort leider falsch.

falsch

richtig

CHECKY ... Die Lernkontrollhilfe

CHECKY Übungshefte
Mathematik

Die Übungshefte enthalten im Gegensatz zu den Themen-heften ausschließlich Aufgaben für Mathematik bzw. Sprache.

pro Band 9,80 DM/sFr/72,- öS

Rechentricks
Zahlenraum bis 20
1. Schuljahr
ISBN 3-86072-504-1
Best.-Nr. 2504
Best.-Nr. 250400 (Paketpreis)

Rechentricks
Zahlenraum bis 100
2. Schuljahr
ISBN 3-86072-514-9
Best.-Nr. 2514
Best.-Nr. 251400 (Paketpreis)

Längeneinheiten
Schätzen, Vergleichen, Rechnen
2. Schuljahr
ISBN 3-86072-505-X
Best.-Nr. 2505
Best.-Nr. 250500 (Paketpreis)

Gewichtseinheiten
Schätzen, Vergleichen, Rechnen
3./4. Schuljahr
ISBN 3-86072-506-8
Best.-Nr. 2506
Best.-Nr. 250600 (Paketpreis)

CHECKY Übungshefte

Sprache

Zum Wiederholen und Festigen, zum Differenzieren, für die Freiarbeitsecke, für Regenpausen, zum Lernen zu Hause ...

pro Band 9,80 DM/sFr/72,- öS

Anlaute
Erkennen und Zuordnen
1. Schuljahr
ISBN 3-86072-501-7
Best.-Nr. 2501
Best.-Nr. 250100 (Paketpreis)

Wortarten unterscheiden
Verben
2. Schuljahr
ISBN 3-86072-515-7
Best.-Nr. 2515
Best.-Nr. 251500 (Paketpreis)

Wortarten unterscheiden
Artikel und Nomen
2. Schuljahr
ISBN 3-86072-502-5
Best.-Nr. 2502
Best.-Nr. 250200 (Paketpreis)

Lesen üben
Herbst-Geschichten
4. Schuljahr
ISBN 3-86072-503-3
Best.-Nr. 2503
Best.-Nr. 250300 (Paketpreis)

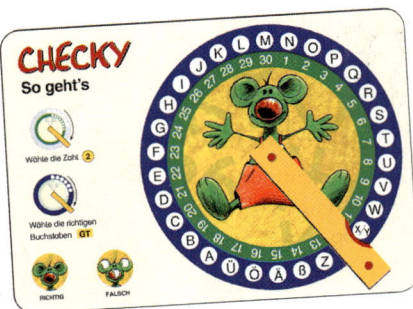

Checky Kontrollscheibe
Aus stabilem Hartkarton (1200 g/m²), A5, vierfar bedruckt, mit wasserfes Folie laminiert
ISBN 3-86072-500-9
Best.-Nr. 2500
8,80 DM/sFr/64,- öS

CHECKY Paketpreis

Heft + Kontrollscheibe nur 16,- DM

CHECKY Themenhefte
fächerübergreifend

Für ein fächerübergreifendes Erarbeiten und Üben, für den Einsatz in offenen Unterrichtsformen: Wochenplan, Frei-arbeit, Lernen an Stationen, Lernwerkstätten, Projekten ...

pro Band 9,80 DM/sFr/72,- öS

Zeit und Uhren
2. Schuljahr
ISBN 3-86072-516-5
Best.-Nr. 2516
Best.-Nr. 251600 (Paketpreis)

Unsere Haustiere
Die Katze
2. Schuljahr
ISBN 3-86072-507-6
Best.-Nr. 2507
Best.-Nr. 250700 (Paketpreis)

Gesunde Ernährung
2. Schuljahr
ISBN 3-86072-508-4
Best.-Nr. 2508
Best.-Nr. 250800 (Paketpreis)

Sexualerziehung
Zeugung, Schwangerschaft, Geburt
3. Schuljahr
ISBN 3-86072-509-2
Best.-Nr. 2509
Best.-Nr. 250900 (Paketpreis)

Der Jahreskreis
Kalender und Jahreszeiten
3. Schuljahr
ISBN 3-86072-517-3
Best.-Nr. 2517
Best.-Nr. 251700 (Paketpreis)

Wärme
Eine Energie
3. Schuljahr
ISBN 3-86072-510-6
Best.-Nr. 2510
Best.-Nr. 251000 (Paketpreis)

Verkehrserziehung
Die Fahrradprüfung
4. Schuljahr
ISBN 3-86072-511-4
Best.-Nr. 2511
Best.-Nr. 251100 (Paketpreis)

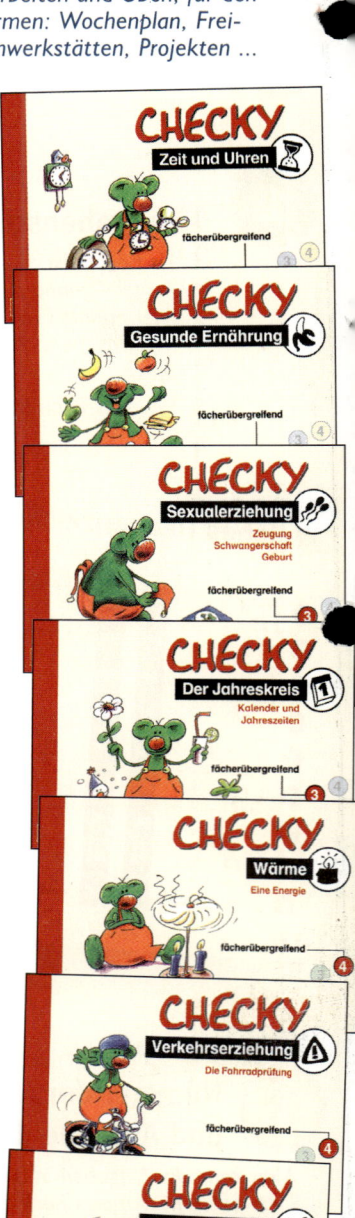